RANG MEI YIGE SHEGNMING YIN LAODONG ER JINGCAI

让每一个生命
因劳动而精彩

何　斌◎著

中国文联出版社

图书在版编目（ＣＩＰ）数据

让每一个生命因劳动而精彩 / 何斌著 . -- 北京：
中国文联出版社，2023.7
ISBN 978-7-5190-5274-4

Ⅰ．①让… Ⅱ．①何… Ⅲ．①中学生－劳动教育－教育研究 Ⅳ．① G40-015

中国国家版本馆 CIP 数据核字（2023）第 133488 号

著　　者　何　斌
责任编辑　刘　旭　赵永颜
责任校对　翰林校对
装帧设计　张　凯

出版发行　中国文联出版社有限公司
社　　址　北京市朝阳区农展馆南里 10 号　　邮编　100125
电　　话　010-85923025（发行部）　　010-85923091（总编室）
经　　销　全国新华书店等
印　　刷　三河市龙大印装有限公司

开　　本　710 毫米 ×1000 毫米　　1/16
印　　张　17.25
字　　数　246 千字
版　　次　2023 年 7 月第 1 版第 1 次印刷
定　　价　68.00 元

序　一

在劳动中成长

劳动是人类社会发展的基石，也是个人成长与发展的重要因素。习近平总书记指出，劳动是实现自身价值、服务社会的重要方式，提倡劳动是培养青少年的重要途径，强调要在学生中弘扬劳动精神，教育引导学生崇尚劳动、尊重劳动，懂得劳动最光荣、劳动最崇高、劳动最伟大、劳动最美丽的道理，长大后能够辛勤劳动、诚实劳动、创造性劳动。

北京市第八十中学一直致力于开展劳动教育，为学生的全面发展和健康成长提供了重要支持。学校秉持"让每个生命因教育而精彩"的教育理念，将劳动教育作为全人教育的重要途径。我们认为劳动不仅是生活的方式，更是一种人生态度，劳动不仅能锻炼人的身体，更能培养人的实践能力、团队合作精神和责任感。在劳动中，我们不仅能够学到知识，更能够感受到成就感和快乐，实现自己的自立和自强。

学校一贯注重劳动课程的建设，积极开发多层次的劳动课程体系。课程设置贴近学生的年龄特点和个性需求，让学生能够在劳动中发现自己的潜能，培养兴趣爱好。劳动课程不仅注重实践技能的培养，还注重学生的独立思考和创新能力的培养。

学校拥有一支优秀的综合实践教师队伍。教师们深入学习中央有关劳动教育的法规文件，积极研究劳动教育的理论和实践，形成了"让每一个生命因劳动而精彩"的教育主张，即"将每一个学生看作鲜活的不断成长完善的生命，给每个学生适合的劳动教育，通过劳动发现自己、发展自己、让每个学生爱上劳动，让劳动成就学生精彩人生"。劳动教育不能一刀切、不能作秀、更不能成为惩罚的工具，因此学校构建了多层次立体化有评价的、丰富全面又尊重个性和学生成长规律的劳动教育体系，让每个学生都能找到适合自己的劳动课程，满足学生在新时代劳动教育方面的个性化学习需求。

学校通过组织各类劳动实践活动，包括校园环境的维护与整治、社区服务、实地考察等，让学生亲身参与劳动，感受劳动的快乐和价值。在实践活动中，学生们端正了劳动观念，锻炼了动手能力，培养了责任感、团队合作和创新思维，实现了从自理到自立再到自强的成长。劳动教育让学生的生活更加充实、精彩。

学校走出了一条技术与实践相结合的劳动教育之路。学校引入现代化的劳动教育设备和工具，如3D打印机、机器人等，让学生通过实际操作和创造性解决问题的方式来进行劳动实践，培养他们的动手能力和创新思维。学校还利用信息技术手段，如互联网、虚拟现实等，为学生提供更加广阔的学习资源和实践平台，使他们能够通过网络学习和远程实践，了解和参与到不同领域的劳动实践中。学校鼓励学生参与社会实践和职业体验，与实际工作环境接触，了解社会未来发展需求，并将所学知识应用于实际劳动中。通过结合技术与实践的劳动教育创新，使学生的劳动教育更加贴近现实，培养他们的实践能力和创新意识，为他们的生命成长打下坚实的基础。

何斌老师是八十中综合实践教师团队的带头人，他敏锐地发现一些老师在教学中仍然片面关注学生实践技能的发展，而忽视了劳动课程核心素养中劳动观念、劳动习惯和品质、劳动精神的整体培养，不利于实现新时代劳动教育的根本目标。在本课题的研究中，何斌老师围绕"城市中学"劳动教育体系落地实施的诸多问题进行了系统的研究：从阐释新时代劳动教育的课程标准到分析劳动课程核心素养的内涵与价值，从区域劳动教育的一体化发展路径到学校劳动教育开展的具体策略，从劳动教育的课程与活动教学到学生成长蜕变的劳动评价等。

本书经过朝阳区教育委员会及中国文联出版社的多轮评审，被纳入《朝阳教育名师》系列丛书出版。在此，我要向何斌老师和他的团队表示祝贺，并衷心感谢他们在劳动教育实践中做出的努力和贡献。同时，我诚挚地欢迎教育界各位同仁来我校进行交流指导，共同努力落实立德树人的根本任务，探索发展学生劳动课程核心素养的方法和路径，为创新人才培养构建多元发展平台。通过不断的交流和合作，我们将在劳动教育的道路上不断前进。

让我们继续努力，为培养学生全面而有个性发展所需的综合素质而不懈奋斗！

任炜东

［任炜东为北京市第八十中学（教育集团）校长，正高级教师，北京市特级教师。朝阳区政协委员。先后被授予"全国模范教师""北京市先进工作者"等称号］

序　二

何斌老师敏锐地把握了新时代劳动教育发展的新契机，于2019年申报课题《立德树人背景下北京城市中学劳动教育体系的实践研究》并获批立项为中国教育学会规划课题。

2020年中共中央、国务院及教育部先后发布《关于全面加强新时代大中小学劳动教育的意见》《大中小学劳动教育指导纲要（试行）》，何斌老师及其研究团队认真学习贯彻中共中央、国务院及教育部有关劳动教育的系列文件精神，并结合自身的实际和特点进行课题研究工作。三年来，他带领北京三个区县的二十余位劳动教育教师进行了深入的理论研究和实践探索，追溯我国劳动教育的发展，学习了解国外劳动教育的发展经验，界定新时代劳动教育的内涵特点；同时紧扣选题，围绕"城市中学"劳动教育体系落地实施的问题进行了系统的研究：从阐释新时代劳动教育的课程标准到分析劳动课程核心素养的内涵与价值，从区域劳动教育的发展路径到学校劳动教育开展的具体策略，从劳动教育课程教学到评价等；带领参加研究的课题实验学校因校制宜地开展劳动教育，取得了积极成效，整体提高了学校劳动教育的教育教学质量和管理水平。此研究成果是何斌老师系统梳理十余年来特别是对近三年新时代劳动教育的思考与实践。它为学校层面推进劳动教育提供了鲜活的案例经验和理性的思考。一分耕耘一分收获，尽管有疫情的干扰，但研究工作仍然按照既定计划完成，教学成果《新时代朝阳区劳动课程一体化的育人实践》荣获 2022 年朝阳区教育教学成果奖，课题研究成果经朝阳区教委多轮筛选，成功入选《朝阳教育名师》丛书出版。

劳动教育是新时代中国特色社会主义教育的制度安排，是德智体美劳全面发展教育不可或缺的重要组成部分。我们希望学校更好地发挥劳动教育的主体作用，组织广大教师投入新时代劳动教育改革与发展的浪潮中，提升专业能力，发展学生的劳动素养，为培育爱劳动、会劳动、懂劳动的时代新人共同努力！

（刘坚，教育部基础教育教学指导委员会劳动教育专业委员会秘书长、全国教育科学规划领导小组办公室原副主任）

序　三

多年来，何斌老师一直是北京市通用技术和劳动课程领域改革的开拓者。他对教育事业充满情怀、孜孜以求、不断超越自我。他有着较为扎实的教学基本功和科研能力，在课堂教学过程中踔厉奋发、勇于探索，获得了北京市人民政府授予的基础教育教学成果奖，实属不易。

为贯彻党中央、国务院的决策，结合义务教育阶段课程改革的实际，教育部于2022年4月年公布了新的《义务教育阶段课程方案》和各学科课程标准，其中最为亮眼的是首次公布了《劳动课程标准》，这标志着新时代德智体美劳全面培养的课程体系得到构建。劳动出真知，劳动长本领。劳动既是人的天性，也是人成长的载体，还是人健康的基础。在劳动课程标准的研制和培训老师的过程中，我们也在思考，如何落实劳动课程标准、培养学生劳动素养，如何把劳动课程纳入学校更高水平培养体系建设和高质量教育发展，"做深"劳动课程、"做真"劳动课程、"做精"劳动课程，从而真正实现劳动教育的育人价值，让每个学生因劳动而发展得更加精彩。

何斌老师关于劳动教育的专著借此东风出版，恰逢其时，这是广大劳动教育教师可以从中汲取丰富营养、获得很多启迪的"教科书"，也是大家可以作为校本案例加以专业化透视和本地化借鉴的范本。在此祝贺何斌老师新书付梓，同时希望何老师再接再厉，为新时代劳动教育的发展继续努力，做出新的贡献！

[顾建军为南京师范大学劳动教育研究院院长、联合国教科文组织K12技术与工程教育教席主持人，教育部长江学者特聘教授，中宣部文化名家。国务院学位委员会教育学学科评议组成员，教育部义务教育劳动课程标准研制组组长，教育部基础教育教学指导委员会技术教学（信息技术、通用技术）专委会主任委员]

目　录

第一篇　理论溯源

第二篇 育人实践

第三篇　精彩绽放

让每一个生命因劳动而精彩

第一篇　理论溯源

2022 年，我国进入全面建设社会主义现代化国家的历史新阶段。站在"十四五"开局的历史节点上，我们需要怎样的、与之匹配的劳动教育？在全球科技浪潮和培养创新人才背景下，国家需要怎样的人才？这都需要我们回溯劳动的历史，回想劳动教育在我国发展嬗变的过程，立足新时代学习党中央对劳动教育发展提出的新要求。

第一章

新中国劳动教育的发展嬗变

劳动是人类社会生存和发展的基础，是生产物质资料的过程，通常是指能够对外输出劳动量或劳动价值的人类运动。劳动是人维持自我生存和自我发展的唯一手段。然而，它进入教育的过程却是多变和坎坷的。文化、观念、历史甚至政治都不断影响着它本来的样子。人们不断摆脱桎梏和偏见，深化对劳动教育本质的认识和理解。新中国成立七十余年，劳动教育也发生着嬗变，我们不断发现问题、解决问题，探索符合时代要求的劳动教育。

第一节 劳动教育的概念价值

一、劳动的概念

（一）劳动的概念

在古汉语中，"劳"字的隶书体是"勞"，由"力、宀、炏"三部分组成。从造字结构分析，"力"代表勤做、力量，"宀"为房屋，喻表生活，"炏"代表温暖、光明和希望。"勞"折射了古人勤劳勇敢的生存发展智慧，即通过辛勤劳作，生活就充满光明和希望。《文史哲百科辞典》关于劳动的定义为："人们使用工具改造自然物，使之适合自己需要的有目的的活动，即劳动力的使用或消费，包括脑力劳动和体力劳动。"①

在西方，关于劳动的认知伴随着漫长的社会发展史。"劳动"在拉丁语、希腊语、法语、德语里都不同程度地含有辛劳、痛苦、费力的意蕴。劳动代表着卑贱和不自由，社会的主体是摆脱劳动、拥有自由的贵族，其现实土壤就是古希腊的奴隶制度。到了近代，资本主义工业革命不断推进，伴随着机器化大生产和社会分工，资本主义生产方式充分显示出人类的生产劳动在改造自然进程中的巨大能量。西方古典经济学家将劳动作为国民财富的源泉。人们关于劳动的认知超越了"生产生活资料的具体形式"，劳动被抽象为"财富"。

马克思在批判继承黑格尔的基础上，强调劳动不仅是单纯的物质活动，更是"自由自觉的生命活动""是为了人类的需要而对自然物的占有……是人类生活的永恒的自然条件"。② 正是通过生产劳动，人类建立了人与自然的历史关系，进而创造了人类社会。因此，人类历史在根本上就是生产劳动的历史，是人类从自然界中获取生产生活资料的历史。劳动不仅创造了物质生活世界，还创造了人本身。人不仅是生物意义上的个体，还是"社会人"，其通过劳动建构了自身的社会发展史。在劳动中，人形成了真正意义上的"手"和"语言"，从而促使人脑的形成和发展。

2022年教育部颁布的《义务教育劳动课程标准》中指出："劳动是创造物质财富和精神财富的过程，是人类特有的基本社会实践活动。"

---

① 高清海. 文史哲百科辞典［M］. 长春：吉林大学出版社，1988：340.
② 马克思恩格斯选集（第2卷）［M］. 北京：人民出版社，2012：174.

（二）劳动的分类

按传统的劳动分类方法，劳动可以分为脑力劳动和体力劳动；按照劳动的复杂程度，劳动可以分为简单劳动和复杂劳动；按照劳动的产品存在形式，劳动可以分为物质劳动和非物质劳动等多种形式。

新时代劳动的概念发展为辛勤劳动、诚实劳动、创造性劳动。劳动的外延范围迅速扩张，现代化城市中诚实劳动、虚拟劳动、创造性劳动、管理劳动、情绪劳动、体验劳动等新的形态逐渐闯进人们的视野，劳动的范畴体系越来越庞大。劳动形式在本质上从机械的重复性劳动向灵活的创造性劳动转变，劳动的被动发生向主体自觉发生转变，劳动的对象范围增大，劳动对象的素质越来越高，劳动需求也在不断扩增，逐渐呈现劳动的信息化、智能化趋向。①

（三）劳动的特征

1.劳动的属人性

人的劳动同一般动物的活动有根本区别，那就是人的劳动是有目的有意识的活动。例如建造房屋，就是按照预先的设计和施工方法改造自然物，用来满足人们居住的需要。一般动物的活动是无意识本能的活动，为了维持自身的存在和发展而占有自然物，蜜蜂筑巢就是如此。人的劳动是从制造和使用工具开始的。人们使用工具并不断改进工具，创造性地进行活动，改变自然物的原始状态和性质，使其为自己服务。一般动物，包括某些高级动物，只能简单地利用现成的自然物，而不能制造工具。制造工具是人类独有的特征，制造和使用工具进行劳动，使人类与其他动物相区分。从这个意义上说，劳动创造了世界，也创造了人类自身。没有劳动，就没有人类的生存，也就没有人类自身。

---

① 徐海娇.新时代劳动教育需要新考量［J］.中国德育，2018（18）：7-8.

2. 劳动的自觉意识和能动性

劳动的人类专属性就在于它的自觉意识和能动性，马克思指出："蜘蛛的活动与织工的活动相似，蜜蜂建筑蜂房的本领使人间的许多建筑师感到惭愧。但是，最蹩脚的建筑师从一开始就比最灵巧的蜜蜂高明的地方，是他在用蜂蜡建筑蜂房以前，已经在自己的头脑中把它建成了。"人类的劳动不仅知道为什么去做、怎样去做，而且知道将会做成怎样，这些就是人类劳动和动物活动之间的本质区别。

3. 劳动的创造性

劳动具有自觉意识和能动性，它是具有目的的活动。然而有自觉能动意识、有目的性的活动，并不都是劳动。因为人是有意识和思想的，人的一切活动都受意识的支配。如旅游、跳舞、吃饭、睡觉，虽然也具有目的性，但就不能称为劳动。劳动与就业在人的活动中，只有那些能够创造出物质财富和精神财富的创造性活动，才能称为劳动。而前面所说的消费性活动，则不能称为劳动。

（四）劳动的作用

1. 从人类和社会发展的角度看，劳动对人类的生存和发展具有重要的价值。劳动创造了物质财富和精神财富、创造了人和人类社会。这里不再赘述。

2. 从完善自身精神世界的角度看，劳动能够塑造健全人格、磨炼顽强意志、锤炼高尚品格。人格又称为个性，是带有倾向性的、本质的、比较稳定的人的心理特征的总和，更多的是通过后天的社会实践活动形成和发展的。劳动作为社会交往的重要中介，不仅决定了一个人的社会角色，也因劳动所取得的成果而获得一定的社会地位，在反复的实践中适应工作和社会关系，形成对事物的较为稳定的态度，也在劳动活动中不断地改变着某些特征。因此，积极的劳动是社会实践的重要组成部分，对塑造健全人格起着重要的作用。一个人只有具备顽强的意志品质，才能在学习、生活、工作中有所成就，而劳动无疑对顽强的意志品质的养成具有重要的作用。"天将降大任于斯人也，必先苦其心志，劳其筋骨"，说的就是这个道理。

二、劳动教育的概念

在中国的历史文化语境中，劳动教育是一个复杂的概念，其长期与综合技术教育、劳动技术教育、劳作教育、工艺劳动等概念交叉出现。

（一）工具取向和人本取向

劳动教育深受社会生产力和生产关系的影响，不同社会、不同时代赋予劳动教育以不同的内涵，有"工具取向"定义和"人本取向"定义。"工具取向"定义主要关注劳动教育的工具价值，把劳动教育定位为满足外在的政治形势需要、经济建设需要或社会发展需要的实践活动。如新中国成立初期的劳动教育是培养学生的基本生产知识和技能，以推动社会经济恢复的实践活动。"人本取向"定义主要关注人本身的发展，把劳动教育定位为满足劳动过程中人之为人的内在需求的实践活动。如新课程改革以来，以发展学生核心素养为目的的教育改革直接影响了学校劳动教育的发展。

（二）德育论、智育论和途径论

《辞海》关于劳动教育的定义是："劳动教育是德育的内容之一，对学生进行热爱劳动和劳动人民、珍惜劳动成果、树立正确的劳动观点和劳动态度、通过日常生活培养劳动习惯和技能的教育活动。"①《中国大百科全书·教育》认为劳动教育是德育的内容之一，目的在于使学生树立正确的劳动观点和劳动态度，热爱劳动和劳动人民，养成劳动习惯。

劳动教育是智育的一部分内容。《教师百科辞典》定义强调劳动教育是教育者向受教育者传播现代生产的基本知识和技能，把简单的劳动与富有知识的劳动结合起来。②这个定义将劳动教育定位为使学生具备生产生活的知识技能。

也有学者将劳动教育作为"教育的途径"，致力于推动人的全面发展。苏霍姆林斯基认为，"劳动教育能够使青少年身上潜在的自然天赋充分表现出来，是青少年精神充盈与幸福感提升的重要源泉，也是青少年参与社会实践的有力训练手段"③。我国著名教育家陶行知也认为，"劳动教育是青少年手脑发展的重要途径"④。徐长发在《为什么劳动教育是人生第一教育》中提出，劳动教育是使青少年学生获得正确劳动观念、劳动习惯、劳动情感、劳动精神，了解和懂得生产技术知识，掌握生活和劳动技能，在劳动创造中追求幸福感的育人活动。⑤

若把劳动教育仅作为德育、智育、体育的一部分内容，都不够全面。2022年颁布的教育部《义务教育劳动课程标准》中指出："劳动教育的重点是系统的文化知识学习之外的日常生活劳动、生产劳动和服务性劳动，以让学生动手实践、出力流汗，接受锻炼、磨炼意志，培养学生正确劳动价值观和良好劳动品质。义务教育劳动课程是一门旨在培养学生劳动素养、促进学生全面发展的实践性课程，是落实德智体美劳全面培养、实现

① 夏征农.辞海［M］.上海：上海辞书出版社，1999：383-384.
② 《教师百科辞典》编委会.教师百科辞典［M］.北京：社会科学文献出版社，1987：317-318.
③ 苏霍姆林斯基.帕夫雷什中学［M］.赵玮等译.北京：教育科学出版社，2009：361-362.
④ 刘猛.劳动教育：从陶行知到毛泽东［J］.江苏教育学报，2018（10）：21.
⑤ 徐长发，张滢.为什么劳动教育是人生第一教育［J］.中国民族教育，2020（6）：30-36.

劳动教育综合育人价值的基本保证。"可见，新时代的劳动教育具有本质自然性、目标改造性、概念发展性、内涵统领性、内容强联结性、执行适度性、价值召唤性和评价自发性等特征。[①] 总的来讲，劳动教育是教育与生产劳动相结合（以下简称"教劳结合"）的一种实践形式，旨在培养学生具有符合社会主义核心价值观的劳动态度，具备满足社会主义事业发展需求的实践动手能力，养成尊重劳动、热爱劳动、善于劳动、珍惜劳动的良好习惯，弘扬劳动光荣、技能宝贵、创造伟大的时代风尚，为促进个体的全面发展服务，为响应创新创业的时代召唤服务，为构建终身教育体系服务，为实现社会的健康发展服务。

三、劳动教育的意义和价值

（一）促进学生的全面发展

学校劳动教育有利于引导学生在劳动中实现劳动能力的全面发展。人的劳动能力的全面发展，既包括体力发展，又强调智力的发展。在此背景下，学校劳动教育通过引导学生在劳动实践中体验生命存在的价值和乐趣，在劳动过程体验中展现个人意志，在劳动成果分享中感悟自我价值的实现，有利于引导学生在劳动中实现自由个性的全面发展。

（二）弘扬劳动幸福的社会风尚

"幸福都是奋斗出来的"[②]，这是习近平总书记向全体劳动者发出的奋斗召唤。青少年是国家的未来和民族的希望，其最富有朝气、最富有梦想。青年兴则国家兴，青年强则国家强。当代中国青少年要有所作为，就必须投身人民的伟大奋斗，坚持为实现中国梦而奋斗的时代主题。学校劳动教

---

① 王连照.论劳动教育的特征与实施［J］.中国教育学刊，2016（7）：89-94.
② 习近平2018年新年贺词.

育有利于弘扬劳动幸福的社会风尚。不同于一般意义上的纯粹知识性或通识性教育活动，学校劳动教育是国家进行国民教育的专门化课程，其本质是马克思主义劳动观培育的实践活动。学校劳动教育坚守意识形态本位，实现科学理性和政治理性的有机统一，传播和培育马克思主义劳动观，有利于弘扬劳动幸福的社会风尚。一方面，学校劳动教育引导未来劳动者崇尚劳动、热爱劳动，引导青少年树立正确的劳动价值观，有利于帮助青年理解劳动是幸福的源泉，摒弃好逸恶劳、不劳而获的不良思想。另一方面，在拜金主义、利己主义、消费主义等西方社会思潮大行其道之时，一些青少年陷入价值观冲突，世界观、人生观、价值观发生扭曲和错位，学校劳动教育坚持培育马克思主义劳动观，有利于正清社会风气，使学生树立劳动最光荣、最崇高、最伟大、最美丽的劳动价值观，激励他们未来用劳动创造幸福，成为辛勤劳动、诚实劳动、创造性劳动的劳动者。

（三）完善新时代学校育人体系

一个国家的人才培养体系关乎"培养什么人、怎样培养人、为谁培养人"这个根本问题，也是特定时代的教育理想的呈现。步入新时代，习近平总书记在全国教育大会上提出"培养德智体美劳全面发展的社会主义建设者和接班人"①，"劳动教育"正式被纳入人才培养目标。这是对马克思主义"教育与生产劳动相结合"的理论回应，更是对劳动教育地位被弱化的现实回应。当前，劳动教育的发展出现诸多问题，其在学校中被弱化，在家庭中被软化，在社会中被淡化。劳动被误解为简单的动手，误用为赏罚的手段或误读为形式化的活动，其蕴含的教育性遭到了忽视。将劳动教育

---

① 习近平在全国教育大会上强调：坚持中国特色社会主义教育发展道路　培养德智体美劳全面发展的社会主义建设者和接班人 [N].人民日报，2018-09-11（1）.

与"德智体美"并列正是回应劳动教育被忽略的现实问题，补足了劳动教育才能完善并形成新时代学校完整的育人体系。

第二节　劳动教育的历史变迁

一、新中国成立初期突出"教劳结合"

新中国成立后，百废待兴。1956年，社会主义改造基本完成，这一阶段我国劳动教育旨在"使学生获得一些基本的生产知识，学会使用一些简单的生产工具，发展创造才能，并养成正确的劳动态度"[①]。劳动教育的侧重点也从改造旧思想转移到培养学生获得能够满足现代生产需求的基本知识与基本技能上。1956年3月教育部颁布的《1956—1957学年度中学授课时数表》规定：初中三年级开设工农业基础知识课，每周2小时。初、高中各年级增设实习课，每周时数除初中三年级为1小时外，其他各年级均为2小时。初中进行教学工厂和试验园地两种实习，高中进行农业实习、机器学实习和电工实习。在教育部颁布的《1958—1959学年度中学教学计划》中还规定：各年级每学年均有14—28天的体力劳动时间；增加有关学科劳动教育的内容，密切结合生产劳动并加强实验、实习；要参加家务劳动、自我服务劳动和公益劳动。生产劳动课的内容，包括初中的手工劳动和农业基础知识，高中农业实习和机械实习。

1966年开始的特殊时期，学制、课程、教材大变动，正常的课程设置被打乱。在"开门办学"思想指导下，学生全部参加五七干校和到农村插

---

① 卓晴君. 我国中小学劳动教育课程的变迁与展望［J］. 基础教育课程，2019（5）：35.

队，进行劳动锻炼和思想改造。劳动教育的内涵被窄化为体力劳动，并将脑力劳动与体力劳动相对立，知识分子与劳动人民相对立。用简单的生产劳动替代系统的知识教育，偏离了马克思主义强调的以现代科学知识为基础、以机器为工具的现代劳动。

二、改革开放突出科学技术

"四人帮"被打倒后，全国教育工作逐步走向正常化，劳动教育政策也开始发生重大转折。1977年，邓小平同志指出，"劳动教育需要适时、适量进行，不能以劳动代替劳动教育，长时间的劳动会妨碍学生身心健康发展"。① 这一时期的教育方针深深植根于经济建设大背景下，为国家的全方面改革建设服务，与国民经济快速发展相契合。自此，我国劳动教育政策开始向经济、技术现代化转变。教育部1981年4月颁发《关于全日制六年制重点中学教学计划试行草案的说明》指出："中学阶段开设劳动技术课，进行劳动技术教育，使学生既能动脑，又能动手，手脑并用，全面发展"；内容包括工农业生产、服务型劳动的一些基本技术和职业技术教育，以及公益劳动等。1982年，教育部下发《关于普通中学开设劳动技术教育课的试行意见》，指出在中学开设劳动教育技术课对现代化建设的重要意义。② 这份文件首次以独立文件的形式强调了开设劳动教育课程对我国现代化建设的重要性，劳动教育的地位进一步提高。

1987年国家教委颁发了《全日制普通中学劳动技术课教学大纲（试行稿）》。大纲对课时的安排是：初中每学年2周，每天按4课时安排，3年共计144课时。高中每学年4周，每天按6课时安排，3年共计432课

---

① 中共中央文献研究室．邓小平论教育（第三版）[M]．北京：人民教育出版社，2004：50，70.

② 何东昌．中华人民共和国重要教育文献（1976—1990）[M]．海口：海南出版社，1998：1827，2045，2480，2665.

时。这一阶段，我国小学劳动课与中学劳动课的开课率有较大提高，中小学平均每日参加劳动的时间有所增加。全国已有 20 个省小学劳动开课率在 80% 以上。多数地方初步形成了一支专职与兼职相结合的劳动技术课师资队伍，并拥有一批教研员和管理干部。全国中学劳动技术课专职教师约有 23000 人。一些师范院校实行主辅修制，使师范生掌握承担中学劳动技术课教学的技能。各省都配备教研员和专人负责，组织教研管理和改革实践等工作。全国已有 20 余个省（自治区、直辖市）编写出版了中学和小学劳动课教材，一些地方还录制了音像教材，全国有 30%—40% 的中小学有劳动基地。

三、21 世纪突出综合实践

1999 年党中央发布的《关于深化教育改革全面推进素质教育的决定》中强调要"加强劳动技术教育和社会实践""使学生接触自然、了解社会，培养热爱劳动的习惯和艰苦奋斗的精神"，强调"使诸方面教育相互渗透、协调发展，促进学生的全面发展和健康成长"。"教育与生产劳动和社会实践相结合"成为新时期的教育方针。然而该文件中取消了必修课中劳动技术课的单独设置，改设了包括四部分内容（研究性学习、劳动与技术教育、社区服务、社会实践）的综合实践活动课。地方与学校在执行过程中比较随意，一些地方的劳动教育及其课程的作用一度被弱化。这是劳动教育课程自 1955 年单独设置以来第一次被取消。2010 年，根据胡锦涛同志在全国教育工作会议上提出的"丰富社会实践，加强劳动教育，着力提高学习能力、实践能力、创新能力，提高综合素质"的要求，以及全国劳动模范和先进工作者表彰大会上的讲话精神，教育部颁发了《关于组织开展劳模进校园活动的通知》。

这一时期，在经济层面，随着市场经济的不断深化，劳动教育与经济社会发展之间的不适应，甚至被弱化的问题比较突出。在社会文化层面，鄙视体力劳动的思想观念并没有彻底根除，西方"拜金主义"和中国封建享乐文化的交融，导致社会劳动价值的观念的结构性异变，催生了轻视体力劳动、不劳而获、明星梦、暴富梦、偷税漏税、造假诈骗等错误的劳动观念和行为，不诚实劳动甚至违法行为得不到社会公德强烈谴责的社会世俗文化状态，对我国传统的劳动美德、新中国成立后劳动教育的政治社会化功能产生稀释和消解。在教育层面，劳动教育不再单独设立课程，加之偏重考试升学客观上冲淡了劳动教育，社会变迁和科技进步改变了传统劳动教育的条件，实践中普遍存在劳动教育在学校中被弱化、在家庭中被软化、在社会中被淡化、在研究中被虚化的现象。面向新时代，劳动课程需要解决社会新问题和新矛盾。

四、新时代突出五育并举

2012 年党的十八大后，我国进入中国特色社会主义新时代。2015 年，教育部、共青团中央、全国少工委出台了《关于加强中小学劳动教育的意见》，提出了劳动教育的培养目标和工作目标，强调通过劳动教育强化其他四育，达到"树德、增智、强体、育美、创新"的效果，促进学生德智体美劳全面发展。2018 年 9 月 10 日，习近平总书记在全国教育大会上特别强调了劳动教育的重要性，强调要在学生中弘扬劳动精神，教育引导学生崇尚劳动、尊重劳动，懂得劳动最光荣、劳动最崇高、劳动最伟大、劳动最美丽的道理，长大后能够辛勤劳动、诚实劳动、创造性劳动，首次提出党的教育方针是培养德智体美劳全面发展的社会主义建设者和接班人。2020 年 3 月 20 日，中共中央、国务院出台了《关于加强新时代大中小学劳动教育的意见》。2020 年 7 月，教育部出台了《大中小学劳动教育的指导纲要（试行）》，把劳动教育定义为系统的文化知识学习之外的日常生活劳动、生产劳动和服务性劳动，以让学生动手实践、出力流汗、接受锻炼、磨炼意志，培养学生正确的劳动价值观和良好劳动品质。该意见首次明确了在中小学设置每周 1 节劳动课。2022 年 4 月，教育部颁布了新修订的《义务教育课程标准》，其中就包括《劳动课程标准》（1—9 年级）。这是新中国首次制定劳动课程标准，结束了义务教育阶段劳动（技术）课程十余年没有课程标准的时代。同时，也结束了 1999 年以来不再单独设置劳动课程的局面。

第三节　劳动教育的研究脉络

新中国的劳动教育坎坷起伏，但是关于劳动教育的研究并没有中断。相关学者围绕劳动教育的概念、目标和任务，劳动教育的实践经验，劳动教育实施过程中的问题和解决路径等关键问题，展开了深入的研究。大致可以分为恢复研究时期、基础研究时期、综合研究时期和新时代研究时期四个时期。

一、恢复研究时期

劳动教育研究的恢复时期大致在 20 世纪 80 年代。这一时期的劳动教育研究主要围绕劳动教育概念的厘清以及对苏联劳动教育研究的译介两大主题展开。劳动教育研究成果表现出碎片化、表层化和散点化的特征。1978 年，理论界掀起了一场关于真理标准问题的大讨论，这为劳动教育研究提供了思想解放的前提。同年，教育部修订了《全日制中小学暂行工作条例》，重申了对中小学生参加生产劳动的规定，劳动教育终于逐步驶入规范化发展轨道。①

二、基础研究时期

尽管我国中小学劳动课教学大纲早已于 1987 年颁布，然而劳动教育在我国中小学实践领域中依旧受到"应试教育"的挤压，是一个薄弱环节。20 世纪 90 年代，随着劳动课教学大纲的颁布实施，以及《中国教育改革和发展纲要》对于加强劳动观点和劳动技能的重申，20 世纪 90 年代各级各类学校开始重提劳动教育，并且积极开展"劳动课"教学，但因概念不明确，大多是有"劳"无"课"，甚至是有活则干，无活则散。对于劳动概念认识上的模糊不清，必然导致行动上的摇摆不定。这一时期迫切需要劳动教育研究从学理上正本清源，明晰劳动教育概念、目的和任务。这一时期的劳动教育成果日渐丰富，出现了刘世锋主编的《小学教师之友·劳动教育卷》，李一凡、王嵩峰主编的《劳动教育经验选编》，刘金广主编的《劳动教育与素质教育》等学术著作，这些著作回应了基层对于劳动教育如何开展和劳动教育与素质教育关系的困惑，总结了这一时期的劳动教育实施经验，对劳动教育下一时期进一步发展起到了较好的基础性作用。

三、综合研究时期

进入 21 世纪，为适应新时期新挑战，素质教育承载着人民的盼望和时代的呼唤，应运而生。2001 年 5 月 29 日，国务院召开了全国基础教育工作会议，印发了《关于基础教育改革与发展的决定》。随后，教育部印

---

① 徐海娇，柳海民.历史之轨与时代之鉴：我国劳动教育研究的回顾与省思［J］.教育科学研究，2018（3）：36-41+47.

发了《基础教育课程改革纲要（试行）》，规定从小学至高中设置综合实践活动并作为必修课，课程内容包括：信息技术、研究性学习、社区服务和社会实践、劳动与技术教育。然而，对于如何让纲要扎根落地，如何将其转化为广大一线师生的教育实践，还缺乏一套切实可行的操作流程和典型示范。这一时期的研究迫切需要以其抽象表述、理性表达和理论表征为新时期的劳动教育改革提供理念指引，解析如何仅仅依靠综合实践活动这一板块实现劳动教育的目的，为教育实践者提供策略支持。这一时期的劳动教育研究进入了多层次、全方位的丰富拓展时期，围绕着"劳动教育的地位"和"劳动教育与素质教育"展开争鸣。如《当代中国青少年劳动教育的问题、原因及对策》《当前小学生劳动教育问题探析》《苏霍姆林斯基劳动教育思想初探》等，一些年轻学者崭露头角；学术著作不断涌现，如施致良主编的《21世纪城市小学生劳动技能研究》、河北少年儿童出版社出版的《面向21世纪小学生劳动教育课程开发研究》、徐长发主编的《创新始于劳动 魅力源于技术》等。总体而言，这一时期，劳动教育研究的学术视野不断扩展，在继续挖掘苏霍姆林斯基、马卡连柯劳动教育思想的基础上，开始注重探索卢梭、裴斯泰洛奇的劳动教育思想；研究对象也不断丰富，在继续关注中小学劳动教育的基础上，开始关注大学生劳动教育观念、意识、习惯的培养等。综观这一时期的劳动教育研究，共识是劳动教育很重要，是实施素质教育的重要一环。但是，新课程把劳动与技术教育变成了综合实践活动课程中的一部分，在客观上削弱了它的课程地位。

四、新时代研究时期

2010年至今，劳动教育呈现出学界对劳动教育的研究由西方的译介向自主理性的探索的转向。这是一个快速变化的新时代，微电子、计算机、互联网、人工智能等技术的发展方兴未艾，急剧变化的生活世界迫使我们不得不重新思考现代社会的劳动教育问题。这一时期，一批有深度和有广度的论文不断问世，粗略统计，以劳动教育为主题的硕士学位论文多达 500 余篇，包括《回归生活世界的大学生劳动教育探析 1949—1989 年：劳动教育的演变历程及特征》《建国以来劳动教育的历史演变与反思》等；此外，这一时期出现劳动教育研究学术专著《劳动教育及其合理性研究》等。《劳动教育需要"四个进化"》（吕文清，2018）指出，劳动教育理念进化强调六个要素、劳动教育目标的进化有六个层次、劳动教育课程的进化需要五方面着力、劳动教育资源的进化需要突出三个方面。《中小学劳动教育的现状、问题及对策》（何云峰，2019）提出，建立健全学生参与劳动情况方面的学案记录，在学生综合素质评定中加大劳动素养的权重。《历史之轨与时代之鉴——我国劳动教育研究的回顾与省思》（徐海娇、柳海民，2018）指出，劳动教育研究取得的进展，如研究视角走向多元化、研究方法综合化、研究主题走向丰富化、研究取向走向主体性，并提出未来劳动教育研究应不断增强理论自觉，强化问题意识，注重理论体系，坚守学术品质。总的来说，这一时期劳动教育研究和而不同，呈现出学界对劳动教育的研究由西方的译介向自主理性的探索的转向，主要特点是重新阐释劳动教育的人性价值、劳动教育与创造力培养的未来展望。

总之，我国劳动教育研究在批判、继承、反思中获得了进一步的创新与发展，形成了一批有代表性、有影响力的研究成果，在研究视角、研究方法、研究主题、研究取向等方面取得突破性进展。研究视角走向多元化、研究方法走向多元化、研究主题走向丰富化、研究取向走向主体性。

也有学者认为我国劳动教育研究可以分为以下三个时期。一是初步探索时期（1949—1977 年），研究内容主要是总结学校劳动教育的实践经验。学者们以《江西教育》《人民教育》《江苏教育》等期刊为主阵地，从国内和国外两个维度，对不同地区、不同院校所开展的劳动教育内容、实践模式和管理体系进行了详细介绍。二是逐渐繁荣阶段（1978—1998年），这一时期的研究主题主要集中在三个方面：劳动教育的意义、劳动教育基本理论、劳动教育实践。三是纵深研究阶段（1999年至今），这一时期，研究的主题集中在劳动教育政策、劳动教育地位、劳动教育价值方面。70年来主要聚焦在劳动教育本质、劳动教育内涵、劳动教育路径和国外劳动教育方面。未来继续深化以下方面：完善劳动教育体系设计、创新劳动教育课程开发、加强劳动教育师资队伍健身、推进学校家庭社会劳动教育协同创新、健全劳动教育评价体系。①

第四节　劳动教育的问题剖析

2020年3月26日，教育部基础教育一司负责人就中共中央、国务院颁布《关于加强新时代大中小学劳动教育的意见》答记者问时指出：近年来，中小学生劳动教育受到较大程度的削弱，现状不容乐观。从学校来讲，劳动与技术课程经常被占用，师资、场地、经费缺乏，劳动教育无计划、无考核；有的把劳动当惩罚手段，劳动多教育少，忽视劳动观念和劳动习惯培养。从家庭来讲，体力劳动和生产劳动在家庭教育中被忽视，家长往往只关心孩子的学业成绩，只要学习好，什么都不用干。从社会来讲，一夜暴富、不劳而获的思想有所蔓延，体力劳动和生产劳动被淡化。因此，切实加强劳动教育，是坚持立德树人，深化教育领域综合改革的现实需要，对培育和践行社会主义核心价值观，传承中华优秀传统文化，实

---

① 胡斌武，沈紫晴.劳动教育研究70年：回顾与展望［J］.浙江工业大学学报（社会科学版），2019，18（4）：442–446.

现中华民族伟大复兴的中国梦具有重要意义。

一、个人观念上的现状、问题及成因

（一）认知功利化

经济全球化以及科技的进步，加快了信息传播的速度，拉近了各国人民彼此之间的距离，各种文化思潮强烈地冲击了当代学生的思想，如享乐主义、极端个人主义、拜金主义等西方不良思潮影响着学生的劳动价值观。

第一，部分学生将劳动目的窄化为获得财富。一些学生认为劳动的目的仅是为了获得物质利益，缺乏劳动对个人全面发展以及对社会发展的推动作用的认识。一些问卷调查也显示，39.27% 的受访学生赞同劳动的主要目的是赚钱，所占比例较大部分学生没有认识到劳动的目的除了获取财富以外，更重要的是可以增进人的幸福感，促进人的全面自由的发展，实现人类的解放。

第二，部分学生注重劳动的个人价值，忽略劳动的社会价值。马克思主义劳动观认为，衡量个人价值的大小需要看他对社会所提供的有效劳动的价值多少，看他对社会的贡献，个人劳动只有与社会紧密联系才能真正实现劳动的价值，个人在为社会创造财富的同时也创造了自己的价值。部分大学生选择工作时过于看重薪酬、待遇等外在条件，而忽略了劳动的内在价值，从而进一步把个人利益置于集体和国家利益之上，只注重眼前利益而忽略长远发展，不讲贡献只顾享受的功利化劳动观日趋明显。

（二）认知片面化

由于我国长期以来对劳动教育概念的界定模糊不清，导致人们对劳动教育的概念理解长期处于"片面化"状态，对劳动教育产生误解。如劳动教育与劳动技术教育、生产劳动教育、社会实践、社会公益活动等这些概念之间的界定模糊，从而导致对真正的劳动教育内涵的理解出现偏差。一直以来，我国在进行劳动教育的时候，往往都误认为是进行劳动技术教育，即对学生进行技能方面的训练，让学生掌握一定劳动技术知识和相关技能的教育，它包括生产劳动教育。的确，劳动技能的培养是劳动教育的一部分，但绝不等同于劳动教育的全部内容，真正的劳动教育内容丰富、形式多样，它是"劳动"和"教育"的结合，不能只劳动而忽视其内在的育人性，我们的劳动教育不仅仅是教会受教育者在社会中通过劳动自食其力地生活，更应该关注受教育者在劳动过程中内心健康地成长、人格的完善。劳动教育的核心价值应该是对人本身全面发展的促进。

（三）认知消极化

第一，一些学生好逸恶劳，不劳而获的心理较为严重。受不良社会风气的影响，一夜暴富、急功近利的财富梦想促使一些学生做出很多荒唐的事情。"巨婴"现象层出不穷，学生自己吃饭洗衣成了问题。

第二，一些学生对待劳动分工没有正确认识，把劳动分成三六九等，不尊重甚至鄙视普通劳动者。一些调查数据反映出较多学生仍存在不认可体力劳动甚至鄙视体力劳动的情况。有些学生甚至因自己父母是体力劳动者而感到没有面子。不尊重劳动者直接导致学生不尊重他人劳动成果，不懂得珍惜劳动成果。

（四）认知狭隘化

我国是一个有着两千多年封建传统的国家。在中国的传统观念中，学习是通向做官的途径，读书的目的就是成为劳心者，在当时很多的文学作品里，都有对劳动人民遭受剥削和压迫以及对劳动过程的艰辛和苦楚的描绘。这在很大程度上影响着我们，从而形成对劳动的消极态度。

实际上，在我国五千年的历史文明中，辛勤劳动依旧是我国的传统美德。中华儿女勤劳勇敢，是被世界所公认的。在我国古代的神话传说中，也有很多歌颂劳动的故事，比如愚公移山，只要具有坚持不懈的劳动精神，面对再大的困难，也有解决之道；比如鲁班造木鸢，传说飞三日而不落，同样是歌颂了鲁班作为能工巧匠辛勤劳动的故事，用劳动去创造和改变生活。在我国的文学作品中也有很多赞美勤劳人民、歌颂辛勤劳作的艺术作品。

二、学校实施上的现状、问题及成因

（一）课程缺位

由于学校教育将主要精力投入为学生升学做准备，一些高考、中考不涵括的领域日渐边缘化。其中，对劳动教育的忽视尤为突出。比如，一些学校只将劳动教育作为学校教育可有可无的点缀、完全不按照教育主管部门的有关规定开设劳动教育课程，另外一些学校则根本没有任何劳动教育活动的安排。

从顶层设计上来看，劳动课程一直处于没有课标、没有教材、没有评价的"三无状态"。没有课程标准导致课程性质不明、课程内容不清、课程实施不定、课程评价不准。没有课程标准直接导致没有高质量的、规范的统编教材，直接导致教学的随意性。这一系列的缺位导致没有老师愿意承担劳动课程的工作，学校往往安排主科教学有困难或课时不足的老师兼任劳动课教师。然而，劳动课的教学内容复杂、涉及内容广、专业性强、需要准备的工具耗材多，这些兼课的老师往往很难坚持下来，导致劳动课的师资剧烈波动，教学效果持续滑坡。例如，北京市朝阳区每年都要对从其他学科临时转岗的"新任"初中劳动技术课教师进行培训，这些"新任"教师数量往往能达到全区劳动课教师的三分之一。

（二）劳动教育被误用

在一些学校，劳动教育的核心目标不是培育孩子的劳动价值观，而是已经蜕变成为部分学校教育中的惩罚手段（孩子犯了错误似乎就要用劳动赎罪）、休闲方式（毕业班需要休息了，学校就组织"劳动"调节一下紧张的学习生活）、才艺秀场（将劳动基本等同于陶艺、剪纸等技艺的学习与展示）。

1. 劳动教育被误用为惩戒手段

在一些教育情境中，教师惩罚学生打扫校园、清理垃圾等，表面只是苦其体力，以示警诫。殊不知学生在做劳动的时候，感受到的只有耻辱、苦累，以及其他学生对他的嘲笑，这无形中给学生心理留下了极大的阴影，让学生在潜意识里对劳动产生反感、抵触、逃避，甚至是憎恶的情绪。这说明了在劳动惩罚中，教师并没有将学生作为一个独立的人来看待，没有注重劳动对于学生内在教化作用，没有将劳动作为学生的发展的方式，这偏离了劳动教育的本意，利用劳动作为手段来达到另外的目的，这不仅是误用了劳动，扭曲了劳动的本意，也损害了学生健康的人格发展，不利于学生的身心健康成长，最终导致学生对劳动的误解。

2. 劳动教育被误用为时代工具

主要体现在劳动教育在不同时期体现的"工具取向"，比如 1949 年后，初中、高中毕业后无法就业的状况，劳动教育充分发挥了培养学生基本操作技能、解决就业的工具作用。

（三）合力缺少

劳动教育绝不仅仅只是学校的事情，学校在劳动教育中虽然发挥着主导性作用，但家庭要发挥基础性作用，社会要发挥支持性作用。

劳动教育具有极强的社会实践性，是一项复杂的系统性工程，需要家庭、学校、社会三者之间的通力配合。社区在青少年劳动教育实施过程中起着十分重要的作用，然而现实情况却不容乐观。在实际操作过程中，大部分社区、企事业单位出于安全考虑以及嫌麻烦等心态，不愿意主动参与到劳动教育的实施过程中来。

三、社会风气现状、问题及成因

（一）家庭不重视

随着少子化时代到来，每个孩子都是父母的心头肉，而父母一辈人又大多是从小吃惯了苦，不忍心再让子女吃苦受累，所以舍不得让孩子劳动。于是很多家长对自己的子女更多的是娇生惯养，从而淡化了对子女的劳动教育。许多家庭溺爱儿童的重要特征之一是不再要求孩子参与任何家务劳动。其结果是，培养了一批饭来张口、衣来伸手的"小皇帝"。

1. 重智育轻劳育，劳动教育认知存在偏差

德国教育家福禄贝尔曾言："国民的命运，与其说是操纵在掌权者手中，倒不如说是握在母亲的手中。"作为家庭劳动教育的主要规划者和实施人，父母对劳动以及劳动教育的认识和做法将直接影响到孩子的劳动观念及行为。然而令人担忧的是，很多父母在劳动教育认知方面存在明显偏差，缺乏正确的劳动观念，在意识和行为方面常常表现为轻视体力劳动者，更有甚者将体力劳动者作为"反面教材"，向孩子灌输"不好好学习，以后就只能扫大街"之类的错误观念。一些家长往往将智力学习成绩作为评价孩子是否优秀的唯一标准，受教育者在错误评价体系引导下越发脱离劳动实践，轻视体力劳动，也不懂得珍惜来之不易的劳动成果，逐渐形成"眼高手低"的不良行为习惯。

2. 忽视规律性探索，缺乏科学的家庭劳教方法

很多家长在家庭劳动教育方面的经验可谓"乏善可陈"，方法理念相对落后，缺乏科学性和艺术性，比如：教育过程缺乏耐心，管教孩子基本靠"吼"；将家庭劳动作为惩罚性的手段，使孩子产生畏惧劳动的不良心理，严重挫伤孩子的劳动积极性；家庭劳动训练缺乏针对性和持久性，长期处于无目标、无计划、无考核的"三无状态"；安排的家庭劳动项目对青少年的吸引力不强，参与率不高。

3. 将金钱作为鼓励手段，导致青少年劳动价值观发生异化

"扫地要1块钱，洗碗一次2块钱，可以帮忙拿快递，一个收费5毛钱……"，这些画面估计广大家长早就习以为常。心理学研究表明，在家庭教育中，适当的物质奖励能促进儿童精神愉悦，可以在一定程度上激发其上进心，但如果全部依赖物质奖励，则会给儿童带来负面影响。劳动教育的核心目标是培养正确的劳动价值观，而不仅仅是某个劳动技能的学习以及劳动任务的完成。很多家长习惯将金钱作为鼓励孩子参与劳动的刺激手段，这样的做法虽然在某种程度上可以培养孩子的金钱观，但是从长远来看不利于青少年的健康成长。当金钱成为孩子劳动的唯一动力时，他们的劳动价值观会不可避免地发生异化，劳动不再是一种光荣的创造性行为，家庭也不再是充满爱和奉献的地方，所谓的劳动不过是冷冰冰的价值交换行为，在这一过程中青少年会变得越发自私、冷漠。

（二）社会不公平

1. 社会中的脑体分工不平衡的影响

由于脑力劳动者和体力劳动者在社会上的地位不同，其占有的资源也不同，社会中普遍呈现重视脑力劳动而轻视体力劳动的现象。因此一些家庭教育学生努力读书的目的就是找到体面的工作、过上富足的生活。成绩好是唯一的出路，这里的出路在很多情况下是指摆脱体力劳动。于是整个社会教育、家庭教育氛围都注重文化知识的学习，注重脑力劳动，从而忽视了体脑劳动相结合的重要性。

2. 社会中的功利价值观念的影响

在功利主义价值观的影响下，人们往往内心浮躁、过分追求功利性。因此对待劳动教育的态度也是如此，只看重劳动教育直接提供的利益，却忽视劳动教育所蕴含的隐性价值。网络营销时代造就了很多挣快钱的头部，让涉世未深的青少年误以为只要在网络直播中喊一喊、卖一卖就能一夜暴富，严重误导了青少年。

（三）媒体不弘扬

媒体对劳动者的宣传较少。媒体有很多种类型，比如网络、电视、报纸、收音机。对于年轻人，网络对他们的影响最大。主流媒体近几年才在网络上站稳脚跟，弘扬主旋律，而之前更多的是娱乐类内容，在网络上很少见到对劳动者的宣传。媒体对娱乐圈宣传过多。当前社会整体氛围对青少年的劳动价值观产生了不可避免的负面影响，且这一负面影响在短期内无法完全消除，必须加以警惕。

第二章
外国劳动教育的发展借鉴

从有人类社会开始就有劳动和劳动教育，劳动教育贯穿了人类发展全过程，世界各国均在进行不断探索。虽然机器大生产已经开始部分替代人力，但是人们从劳动中习得知识和经验的过程依旧不可替代。为了适应科学技术的快速发展，必须努力造就高素质的劳动人才，劳动教育作为培养未来全面发展人才的重要途径，日益受到世界各国的广泛重视。国外近现代劳动教育发展主要有两个源头：一是在马克思和恩格斯关于"教育与生产劳动相结合"的基础上发展，苏联、俄罗斯、古巴等国主要继承了这一模式。二是在"劳作学校"模式和"做中学"模式基础上开展的劳动教育。沿着这一脉络发展起来的国家有美国、英国、德国、芬兰、日本、韩国等。从劳动教育形式看，这些国家又分成两类：其一，单独开设劳动教育课程，如苏联及其后的俄罗斯、德国等；其二，不单独开设劳动教育课程，而将劳动教育寓于各项教育教学活动中，如美国、日本等。

第一节 突出"教劳结合"的苏联和古巴

一、俄罗斯以"工艺学"为载体的劳动教育

苏联作为世界上第一个社会主义国家,在经济、政治、文化、教育各个方面都进行了诸多实践和探索,为我国开展社会主义建设提供了有益参考。在劳动教育方面,苏联坚持以马克思列宁主义思想为指导,涌现出马卡连柯、苏霍姆林斯基、克鲁普斯卡娅等一大批优秀的教育家,他们在劳动教育方面进行了 60 多年的艰辛探索,取得了丰硕成果,为我国开展新时代青少年劳动教育提供了不可或缺的宝贵经验。

苏联的劳动教育从幼儿园开始一直贯穿到大学毕业,在组织形式方面主要包括教学计划内和教学计划外两个部分,教学计划内的劳动教育包括劳动技能理论课、校办工厂实操以及农技实践课等。教学计划外的劳动教育包括劳动夏令营、勤工俭学、支农、支教等。在课程保障方面,由全俄苏维埃代表大会牵头,教育人民委员会负责制定课程标准和规划,各级各类学校负责贯彻落实。除此之外,苏联采取教育法令的形式来监督各项劳动教育政策的落实。在教学资源配置方面,苏联政府为每个基层学校配备了专职的劳动教员和督导员,按期为其发放劳动教育经费,各级政府负责帮助学校建立校办工厂和实践农场,为教学实践提供劳动机具、运输设备、动力设施和经费支持。

苏联教育部门还根据儿童的年龄特点制定了不同的教学规划和内容,如 1—4 年级的学生必须参加手工劳动课,每周实习 2 小时;5—7 年级的学生需参加教学农场和工厂的劳动,每周实习 4 小时;8—10 年级的学生要参加与工农业生产基础课程相关的劳动,每周实习 6 小时。苏联教育委

员会规定,除了修满必修课程的学分外,3 年级以上的学生还必须参加课外自愿劳动小组,小组组长由高年级同学担任,有专门的老师负责指导。中学生则要参加各式各样的学科小组,这类小组往往专业性较强、要求较高,是培养学生未来职业兴趣的重要途径。

后来,俄罗斯发展了以"工艺学"为载体的劳动教育模式。在俄罗斯1993 年的《普通教育学校基础教学计划》中,工艺学科不仅属于不可变更、取消的必修学科,还具有课程时数多于物理、化学课的特征。从"工艺学"的课程目标和课程内容来看,俄罗斯劳动教育的基本目标就是"培养学生在市场经济条件下独立劳动生活的能力"。在这种基本目标的指引下,"工艺学"以技术课程如材料加工技术、食品制作、设备材料与机器零部件加工、电器安装、建筑修理工作、手艺学、情报信息技术等各种课程内容来培养学生获得劳动的基本知识和能力,培养学生在劳动实践中的创新思维,培养学生的个性发展和职业适应能力。

二、古巴"各学龄段全覆盖"的劳动教育

古巴一直坚持"教育与劳动"相结合的原则,并且根据自身的国情加以不断创新,形成了各学龄段全覆盖的劳动教育培养体系。古巴宪法规定:"教育的基础是学习与生活、劳动和生产的密切联系。"[①]古巴从 20 世纪70 年代起便在各级各类学校全面推行劳动教育,就连幼儿园的孩童和神学院的专职学生也不例外,实现了"大中小幼"学龄段全覆盖。经过 50 多年的探索与发展,古巴劳动教育已取得举世瞩目的成绩。

和别的国家有所不同,古巴劳动教育还承担着另外一个重要的职能,即通过劳动教育为学校筹措教育经费。古巴政府规定,城区中学生每年至

---

① 黄南婷.古巴劳动教育的意义[J].外国中小学教育,2010(4):52.

少要有4—7周时间用于到农村地区劳作，高级中学则主要到校办工厂或国有企业参加生产劳动。农村中学实行半日学习半日劳动制，劳动所得用于支付教育经费，结余部分学校可自行分配。古巴教育者坚信在生产劳动的过程中可以将所学的理论知识与实践相结合，在接触大自然的同时激发学生的创造力和想象力，培养受教育者良好的劳动观念以及吃苦耐劳的精神。经过长期的劳动锻炼，广大青少年在身体素质、道德修养、实践能力、沟通技巧和创新能力方面都有了巨大提升，整体社会风尚也有所改善。

还需要强调的一点是，古巴十分重视劳动教育师资的培养。学校的劳技课教师大都毕业于专门的劳动教育学院，学制三年。第一年，学习专业课理论及教育学、心理学知识。第二年，分专业学习纺织、家政、烹饪、农技、五金、电工等实际操作类课程。第三年，这些教师会被分配到全国各地中小学实习，主要担任劳技课教师，重点培养实际应用能力。经过三年的系统化学校教育培养，他们还要再次接受专业化的入职培训。正式入职之前，所有的科任教师要在劳技教师培训中心进修研讨交流，不断提高自身教学水平，通过一系列严格的入职培训考核后才能正式上岗。

第二节　突出"生活与职业"的西方国家

一、美国以"生计教育"为特色的劳动教育

由于受到实用主义传统影响和工业化大生产需要，美国一直以来便十分重视"实用主义"生计教育（career education）。美国的生计教育最早开始于19世纪末20世纪初，在此期间涌现出杜威、帕克、克伯屈等一大批

进步主义教育家，他们提出"学校即社会、生活即教育""做中学"等一系列思想主张，奠定了美国教育与劳动相结合的传统。生计教育对美国社会产生了深远影响，并且获得了社会各界的广泛认同和支持。美国国会先后颁布《生计教育法案》《生计教育刺激法》，为联邦境内的各中小学提供经费支持，鼓励各州积极加入并开展生计教育计划。

在联邦政府的积极号召下，各州开始纷纷加入，生计教育的内容和形式开始变得日渐丰富。在美国，各中小学均有开设劳动教育必修课，其目的是培养青少年的劳动观念和兴趣爱好。在这一过程中学生们可以接触到各种各样的社会职业，学习到基本的职业技能，接受各式各样的劳动锻炼和挫折教育，从而在毕业后能够有更加清晰的职业规划和认识。学生在不同年龄段所受的生计教育也有所不同，1—6年级学生的主要任务是职业认识和劳动价值观培养，7—10年级学生的主要任务是熟悉职业分类并且进行实际劳动操作，10—12年级学生的主要任务是针对所选的职业领域进行深入探索，明确未来职业发展方向。高中毕业之后一部分学生将进入社区学院学习，开始接受系统职业教育。进入大学的那部分同学将进一步接受高端职业技术训练，为将来的生存和发展打下良好基础。

美国以"生计教育"为特色的劳动教育早已渗透到学校教育和社会实践的方方面面，各类中小学有着丰富多彩的劳动必修课及选修课，美国高校也将劳动教育实践经历作为升学录取的重要指标。企业、家庭、社区积极为学校开展生计教育提供各种力所能及的帮助，学生可以参与由企业雇主提供的专项课程，顺利结业之后即可颁发与学校所获学分同等效力的证书，或者在毕业之后重返学校，学校会认可他们在工作中获得的学分。不可否认，以生计教育为特色的劳动教育已经成为美国教育的底色，学习借鉴其发展经验对于推进新时代青少年劳动教育有着重要意义。

二、芬兰突出"传统与现代相结合"的劳动教育

芬兰作为北欧一个高度发达的资本主义国家，不仅有高度自由和工业化的经济体系，更有令世界瞩目的先进教育体系。芬兰素有尊重劳动的传统，是世界上首个将劳动教育纳入中小学必修课程的国家。芬兰劳动教育既注重传统手工技艺的传承，亦重视现代科技的融入，是创新与传统相结合的典范。

19世纪末，芬兰将劳动教育引入基础教育课程与教学活动中。经历了一百多年的发展，芬兰的劳动技术课程已形成较成熟和稳定的课程体系。作为基础教育中的国家核心课程，劳动技术课程始终坚持传承传统与融合创新相结合的理念，不断完善其课程设置、目标、内容、实施和评价体系，注重学科知识、学生基本生活技能及横贯能力的发展，旨在促进学生的整体发展。当前，芬兰的劳动技术课程也面临着价值被重新评估、教学质量下滑、课程支持资源削减、教师的综合能力不足等诸多问题和现实挑战。

在芬兰，劳动技术课程被认为与芬兰语、外语、数学、历史等课程是平等且同样重要的，它由手工艺及家政两门必修课程（手工艺、家政）、两个领域的可选修课程以及跨学科学习模块四部分组成，涵盖基础教育的全过程。跨学科学习称"现象教学"，能从横向上把不同学科融合，打通不同学科之间的边界，进一步激发每个学生的学习兴趣，培养学生不同学科和领域所需的横贯能力。在欧盟，气候变化、人类、媒体和技术、水、食品、可持续发展等PBL学习中，劳动技术课都与其他学科课程产生了密切的联系。

芬兰劳动技术课程的具体实施：基于"做中学"的课程实施理念，注重整体工艺过程的课程实施模式、以"学校为中心"的课程实施网络。

"软手工艺"教室为纺织课程提供织布机、缝纫机、布匹、毛线等设备及材料;"硬手工艺"教室犹如设备齐全的生产车间,配备了各种车床、机械、切割、3D打印、工业磨砂机等设备以及木材、金属、电子教学的构造工具等硬性材料。每间学校都配有"厨房教室",一般是两间,一间厨房有六个灶台,"厨房教室"内配备了教师办公室、教师工作台、餐桌、盥洗室等,为学生提供真实的"做中学"体验式场景。校外增润班为基础教育阶段学生提供"音乐俱乐部""户外冒险"等非学术性主题课程,其中"冬天手工艺""非烘焙烹饪"主题都与劳动技术课程相关;农场、锻冶工坊、自然学校、科学中心、体育场、博物馆、回收中心等公共或私人场所都与学校协同开展校外活动,以罗瓦涅米市(Rovaniemi)的皮尔克(Pilke)科学中心为例,其通过开展模拟伐木机械、机器人项目等为学生提供真实的劳动技术教学情境。

芬兰劳动教育课程主要包括三大类:手工课、家政课和综合课程。手工课是芬兰义务教育阶段学生的必修课,根据学龄段差别授课时间从40分钟到两小时不等。手工课包含的知识内容众多,主要有纺织、裁缝、布艺、木工、电工、五金等。手工课程的培养目标不仅仅局限在培养学生的动手能力,它更注重培养学生对材料和工艺的综合感知能力。在此过程中学生们不仅要充分了解各种材料的特性,更要学会自我设计产品,教师会指导学生如何在本国传统工艺的基础上与现代科技相结合。家政课是7—9年级学生的必修课之一,每周不少于一小时。家政课以培养学生的基本生活能力为目标,很多学校早在学龄前便已开设此课程。家政课程主要包括烹饪与饮食卫生、生活起居与家务料理、家庭消费与理财三大板块内容,侧重学生生活能力的培养。综合课程则更加注重实践能力培养,芬兰政府规定每所学校每周必须开设不少于一门综合类劳动课程。该课程可根据学校特色及所在实际的情况灵活开展,有些学校会将劳动综合课程与科技课、自然课结合开展，前者侧重实操，后者侧重理论知识的积累与学习，着力提高学生的横贯能力和社会实践能力。

表 2-1　芬兰各学段劳技课每周必修课平均课时分配①

年级	1—2	3—6	7—9	总计
课时总数（周）	4	5	2	11

2014 年芬兰新课程改革以来，既注重传统手工艺的传承，又关注创新性劳动与传统的结合，力图跳出原有以锻炼肢体协调能力和制作模仿为主、服务于日常生产生活需要的课程定位，更关心通过该学科教学发展学生核心素养如创新能力等高阶能力，达到培养"完整的人"的"终极目的"。新课标劳技课的课程内容基于设计理论中的"全过程"（Holistic Craft Process）模型而构建，即设计者需完整地依次经历"形成设计想法（想法与设计）""进行设计""产品制作""评鉴产品"四个阶段的全部过程（见图 2-1）。"全过程"模型重新定义了劳技课中学习者的地位、任务和目标，"设计者"（学生）被重新置于整个过程的中心地位，课程内容在设计上也更符合现当代以学生为主体的教育理念。

图 2-1　"全过程"模型

---

① 王岩.构建面向核心素养"五育融合"的劳动课程——以当代芬兰中小学劳技课为例[J].劳动教育评论，2020（2）：69-82.

此外，芬兰劳动教育特别注重过程评价。教师会将学生的课堂表现记入电子档案，该档案将成为受教育者日后升学与就业的重要评价参考。而且值得强调的一点是，芬兰特别重视传统手工技艺的传承，鼓励广大青少年利用科技手段设计、制作和记录传统手工艺品，芬兰手工课程是劳动教育开展的典范，其重视设计创新、实验研究的思维训练，营造手脑并用、身心投入的实践氛围，传达自力更生、辛勤劳动的基本理念等特点为我国劳动教育课程的实施带来了一定启示。

三、英国"面向未来"的劳动教育

英国是西方较早提出劳动教育理念的国家，16世纪初，英国早期空想社会主义者托马斯·莫尔在其著作《乌托邦》中首先提出了与生产活动相结合，培养德智体美劳全面发展的教育理念。《乌托邦》中完全理性的设想虽脱离了实际，但其中关于劳动教育的论述则直接影响了现代英国人本教育理念的发展以及相关劳动教育的立法。

1870年英国首部教育法《福斯特教育法》为国民开启了接受国家义务教育的道路；1944年的《巴特勒教育法》构建了教育制度的基本框架；1988年的《教育改革法》则加快了英国20世纪90年代教育改革的步伐，关于对学生劳动观念、实践能力、综合素质培养的教育纲领也随之革新完善。进入21世纪，英国教育十分注重对学生掌握知识的能力、生活技能的培养，鼓励学生养成自主学习研究的习惯，强调学以致用，在社会实践中使用已掌握的知识和技能。

英国不同地区间劳动教育课程设置各具特色，但大体上相通，综合性课程大体分为以下几类。

第一类是自然科学与社会研究课程。

第二类是日常技能学习课程。除了家庭劳动教育中的日常技能学习，比如叠被子、做饭、零花钱管理等生活技能，英国学校还专门设置相关课程，培养学生从生活小事做起的劳动意识。例如，2008年1月22日英国宣布，从当年9月起，将烹饪课列为11—14岁学生的必修课，规定所有学生必须学习且通过——不及格需要补修、补考，否则不能毕业。课程要求每名中学生学会以新鲜原料烹饪符合青少年口味、健康可口的八道菜肴。课程每周至少两节，学生们需要学会设计营养均衡的食谱、制作健康菜肴。2014年9月，英国教育部宣布必修课程烹饪扩大至小学：从2014年9月起，英国7—14岁的孩子必修烹饪课程，并且学生到14岁时要能够做出不同种类的20个品种，比如馅饼、炒菜、咖喱饭等。英国中小学推行烹饪必修课，一是让孩子珍惜享受食物，二是为了控制青少年肥胖。这场意义非凡的劳动教育培养了学生独立生活、健康生活的习惯。

第三类是设计与技术课程。设计与技术课程涉及数学、英语、科学等多门学科，是英国劳动教育的突出亮点。1988年，该课程被正式引入国家课程。"设计与技术"课程在K1、K2、K3阶段为必修课程，在K4阶段为选修课程。该课程主要有24个框架体系，各学校可根据自己的教学方针进行选择。该课程主要分为初级和中级两个部分。两级间又各分3个或6个不同水平，难度层层递增。初级课程增加学生对材料和元素、机械和控制系统、构造、现有产品、质量以及健康与安全等知识的了解，旨在提高学生设计技能、动手操作技能、应用科学的技能、应用数学的技能以及应用信息技术的技能。中级课程主要面向K3和K4的学生，包括四方面的内容：系统与控制、耐磨材料、食品（食品工程）、纺织（纺织工程）。K3的学生必须学习系统与控制和耐磨材料两个领域。此外，至少在食品或纺织中选择一项进行学习。该阶段的学习，旨在帮助学生跳出固定思维，能够根据老师的要求灵活地设计出符合学校当地需求和兴趣的作品，同时使学生能够对自己感兴趣的主题深入学习。

第四类是社会参与性学习。英国社会参与性学习的重点在于让学生参与社会生活领域，接触社会现实，体验不同地方的历史文化传统、社会生活方式和发展状况。注重开展各种社会参与性活动，如社区服务、社会调查、科学学习等，从而增强学生劳动意识，提高解决问题的能力和思考能力，让青少年积累职业经验，结合自身所学专业解决实际问题。

英国在长期的探索过程中形成了较为科学的劳动教育课程框架和实施路径。劳动教育课程由日常生活性劳动课程、生产劳动课程和服务性劳动课程组成，课程内容的连续性与实践性以及课程设计的时代性是其主要特征。在实施方式上，个性化劳动教育课程项目、创造力课程培养项目和社会化服务方式保障了英国劳动教育的实施效果。基于英国劳动教育经验，我国应从凸显劳动教育课程的时代性、强化劳动教育课程一体化设计以及拓展劳动教育课程实施方式与路径等方面来不断地提高劳动教育的实施水平。

四、德国的"双元制"劳动教育

德国的劳动教育主要是以"劳动学"（Arbeitslehre）为载体开展和实施，它是一个综合性的学习领域。正如德国学者保罗·库普泽（Paul Kupser）所指出的：劳动学是一门涵盖了手工实践活动、基础技能教育、经济与政治教育、职业预备教育、信息技术基础教育等的综合性学习领域。德国劳动教育具有悠久的历史和丰富的实践经验，其价值内涵历经三次重大的转变：强调职业教育与公民教育的有效联结、为职业选择与企业劳动培养全面发展的人、协助解决社会劳动的现实问题。随着工业 4.0 进程的不断推进，德国学校劳动课程也步入了数字信息化时代，其课程建设的主要特征表现为：目标旨在培养学生解决职业、生活问题的劳动能力；内容涉及家政、技术、经济与职业劳动领域；课程设置凸显综合性、模块性以及跨学科性；课程实施以行动力为导向，并辅以专业的师资队伍与教学设备。

德国拥有"分地分类设置、体系完备、职前预备"的劳动技术教育。德国"双元制职业教育"享誉全球，但其劳动教育并非属于职业教育体系，而是一种具有职前预备性质的普通教育。主要有这样两个重要特征：

一是"分地分类"设置劳动教育课程。在德国，由于教育权分属各州管理，因此，劳动技术教育的落实主要依靠各州政府的规定。另外，德国的中学类型包括主体中学、实科中学、文理中学等，鉴于不同中学的培养目标有所差异，劳动教育在不同类型学校也呈现为类别的差异。有五个联邦州（如黑森州）将劳动教育作为独立课程开展，以巴伐利亚州的劳动技术教育课程为例，主体中学的劳动教育更多地面向学生的"未来工作、生活"；实科中学的劳动技术教育以"项目制"为依托，培养学生的计划、执行、资料收集、演讲与反思等各种能力，并养成依据项目工作方法完成任务的能力；文理中学主要培养升入大学继续深造的学生，其劳动技术教育更偏重于"自然与技术""政治与社会""劳动领域的社会知识、经济信息""基本的法律知识"等能够提升学生的认识、解决问题的思路与方法的能力。

二是劳动技术教育作为"职前预备"的特征。劳动技术教育在德国并不同于职业教育，它只是在普通中等教育中渗入劳动教育的内容，其目的更偏重于对劳动技术的强调。然而，无论是在不同类型的学校，还是德国各州，劳动技术教育共同的重要特征就是"职前预备"。此外，巴伐利亚州三种类型中学的课程设置，也直接或间接地强调了为学生做"职前预备"的劳动技术教育培养目的。

（一）学校的课程

德国一些联邦州从小学阶段就开设劳动教育的相关课程，一般称为"常识课"。这门科目涉及很多不同领域的内容，包括自然、环境、技术、职业工作、日常生活、交通安全、人与饮食以及物理、化学等学科基本知识等。常识课的开设旨在培养学生对于自然环境、日常生活、科学技术领域的兴趣，并帮助学生初步了解自然、社会、人类生活的一些基本形式，掌握独立生活的基本常识与生活技能。小学阶段常识课作为劳动教育的一部分，设置了不同类型的活动课程，强调学生脑、心、手的协调合一，通过有意识的活动安排培养他们动手参与日常劳动的能力，将其视为职业工作和社会生活的重要准备。以巴伐利亚州的小学为例，按照学校课程大纲要求每周安排 4 节常识课，2 节是知识传授，另外 2 节是手工劳作。教学内容以编织缝纫、木工、手工制造、玩偶制作、陶器雕塑、餐饮等为主。

初高中阶段课程开设家政、技术、经济、职业模块。德国大多数联邦州的综合中学、实科中学以及主体中学都开设有专门的劳动课程，一般是从 7 年级到 10 年级，课时安排为每周 2—3 节必修课，部分对劳动课程感兴趣的学生可以每周再增加 3—4 节选修课。比如有的州称作"经济—劳动—技术课"（WAT），有的州称作"劳动模块：家政—技术—经济""劳动技术经济课"，还有一些州称作"经济/职业—学业规划课程"等。但学校劳动课程的核心内容基本是一致的，包括家政、技术、经济、职业规划四个重要领域。随着数字化的发展，网络信息技术、通信技术原理（3G、4G）、计算机辅助设计软件的使用成为德国中小学劳动课程的热点内容。以北莱茵—威斯特法伦州 7 年级劳动教育信息技术模块为例，学生不仅需要学习常见的办公与通信软件、了解网络传输技术的基本原理，还需要掌握包括计算机辅助设计软件（CAD）、计算机数字控制机床软件（CNC）、计算机辅助制造软件（CAM）、通用信息模型等软件在内的数字化生产常用软件。以柏林的卡罗施密特实科中学的"校园纪念产品"项目为例。首先，教师引导学生根据自己的兴趣并考虑现有的设备和材料，选择一款合适的校园纪念产品。通过班级讨论和小组之间的多次协商，学生确定最后的方案是制作"学校 Logo 咖啡杯"。初高中教学内容要求学生掌握安全操作常识，能使用工具和机器对木头、金属、塑料等材料进行加工，能通过自己动手获得有关技术制造流程的知识，并认识到技术对人类社会的重要意义。

表2-2　巴伐利亚州各级各类学校劳技课课时分配情况

学段	小学			中学							
	1年级	2—4年级	形式	中学类型	5—6年级	7年级	8年级	9年级	10年级	11年级	12年级	形式
课时（周）	1	2	手工劳作	主体中学	0/4	3/4	2/6—9	2/6—9				必修/选修
				实科中学	7/0	0/4—6	0/2—5	0/2—5				必修/选修
				完全中学	2	1	1—2	2	2			部分学校

表2-3　柏林各类学校劳技课课时分配情况

学校类型	7年级	8年级	9年级	10年级	形式
主体中学	4	4	8	8	必修
实科中学	0/4	0/4	2/4	2/4	必修/选修
综合中学	1/4	2/4	2/3—6	2/3—6	必修/选修

根据泰勒原理，从课程宗旨、目标、内容、编制、实施、评价等对德国劳动教育进行简单总结。

一是劳动课程旨在协助个体解决劳动中的现实问题，德国教育家绍尔·罗宾逊提出了著名的情境分析课程模式，即劳动课程需以情境为导向，协助个体完善对世界的理解，接受职业教育或专业学习，并可以应对个人和公共生活中遇到的各种现实问题。

二是劳动课程目标在于培养学生综合劳动能力。德国学校劳动教育将培育学生的综合劳动能力作为课程目标，旨在培养学生以下五种具体能力：知识力、方法力、评价与决定力、社会交往力、行动力，这得到德国各类中学的广泛认可。

三是劳动课程内容以劳动、经济和科技为三大核心领域步入数字信息化时代，人工智能、机器人和数字制造技术将改变传统制造业的版图。

四是劳动课程编制依托主题进行知识整合。德国学校劳动以综合的形式对学生参与社会劳动生活有实践意义的劳动学、家政学、社会学、经济学、数字科学、自然科学的内容依据主题进行融合，以解决实际问题的逻辑顺序为主线，形成从简单过渡到复杂主题的连续性课程编制形式。

五是劳动课程实施以"项目教学法"为主要策略。按照主题整合了不同学科的设置，还采用了多种形式的课程实施途径。它秉承德国职业教育"任务导向性"的课程实施理念，凸显课程的活动性，将"项目教学法"作为主要的教学策略——即以一个具体项目（一个物品、一件产品或一项服务）为教学主线，学生需要独立制作特定产品或是完成特定项目，教师辅以一定的支持，使学生有机会将理论知识运用于劳动实践之中。以柏林的卡罗施密特高级综合中学劳动课程为例，该校创设了"施密特数字制造者车间"和"卡罗环保纸制品商店"两个项目教学法的实践。除项目教学法外，德国劳动课程实施还依赖于形式丰富的校外实习环节，如社会实习、企业实习和工厂实习。实科中学每学年会安排2—4次校外实习，覆盖农业、啤酒业、机械制造业、采矿业。

六是劳动课程考评，在巴符州，劳动学的相关课程是中等学校毕业考试的一部分，所有学生的最终学业成绩由每一门课的学年成绩（50%）和毕业考试成绩（50%）构成。劳动学的相关课程不仅要求考生进行笔试，还需要实际操作考试，其中笔试所占比重为30%，操作性考试所占比重为20%。在操作性考试中，参加主体中学毕业考试的考生须完成"项目工作"，包括项目的前期规划、中期实施和最终展示。

（二）家庭的配合

为了让劳动教育能够得到学校和家庭的重视，德国还通过法律明文规定，青少年应该帮助家长做家务，6—10岁的学生，要帮助父母洗碗、扫地、买东西；10—14岁的学生，则要负责剪草坪和给全家人擦鞋等；14—16岁的学生要洗汽车、整理花园等。对于不愿意做家务的青少年，父母甚至有权向法院申诉，以督促其履行义务。

（三）社会的支持

德国中小学除了在校内的专用教室开展劳动教育外，还会进行很有特色的校外实践活动：由学生自己联系企业实习。参与实习的学生会到企业和正式员工一起上下班，了解相关企业和职业。老师每周看望学生两次。实习结束后，学生做汇报，老师做总结，企业则可以预选员工。

五、日本的"融入家庭学校"的劳动教育

作为中国一衣带水的邻邦，日本的国民教育体系一直紧紧追随西方国家的脚步，但是又不失本国特色，日本是不独立开设劳动课的代表。日本早在1947年就颁布了《教育基本法》，以法律形式规定了劳动教育的原则、目标、方法和内容。2006年修订的《教育基本法》第二条被修订为"关注职业和生活的关系，培养重视劳动的态度"。随后又经过多次大纲调整，将劳动教育设置为各中小学学生的必修课，规定儿童从幼儿园开始便

要接受 10 个方面的劳动教育课程。

在劳动教育目标方面，日本以法令的形式予以明确规定。《学校教育法》第三章第三十六条规定：义务教育的目标之一是"培养关于职业的基础知识与技能、尊重劳动的态度和适应个性选择未来出路的能力"；高中教育的目标之一是在发展、扩大义务教育的成果的基础上，"（使学生）基于对在社会上必须履行使命的自觉，适应个性，决定未来的出路，提高普通教养，掌握专门的知识、技术和技能"。在劳动教育原则方面，日本教育主管部门规定：要根据学生的年龄和性别特点灵活安排劳动项目，各学校各地区可以根据实际情况因地制宜，劳动教育内容要尽可能地联系学科教学，以此加深学生对于学科知识的理解。各阶段劳动教育必须以培养学生社会公德为第一要义，务必在保证安全的前提下保质保量完成教学大纲规定的任务。中小学劳动教育内容涉及清洁美化环境卫生、社区志愿服务、家事、农技、工程技术劳动等多个方面。劳动教育组织形式偏向多元，主要包括劳动知识理论课、劳动技能实操训练、生产劳动兴趣小组等。

日本中小学劳动教育课程官方名称为"劳动体验学习"。从 1978 年起，至今已经推行了 40 多年，依托全面系统的理论课程和各类实践活动，日本建立了融合开放的青少年劳动教育体系。目前劳动体验学习已经和职业规划课程紧密联系在一起，成为"劳动观"和"职业观"培养的重要途径。2013 年日本中央教育审议会在《关于今后青少年体验活动的推进》中将体验活动根据不同的内容分为三类：第一类为放学后举行的游戏、帮扶活动、地区与学校举办的节日活动、野游、社团活动等"生活文化体验活动"；第二类为登山、野营等野外活动，即"自然体验活动"；第三类为志愿活动、职场体验和实习工作等"社会体验活动"。以中小学为例，日本劳动教育的课程内容主要包含三个方面：劳动知识与技能；勤劳态度；

劳动实践与体验。

　　劳动教育是日本教育中不可或缺的部分。日本不单独开设劳动课程，而是将劳动教育分散于家政课、道德课、社会课以及综合学习时间课程中。劳动教育有三个不同的实施主体，分别是学校、家庭与区域社会，形成了"家、校、社会相结合"的劳动教育模式。将家庭、学校与社会融入到一起对适龄儿童展开劳动教育是日本的特色。在日本，学会劳动知识、掌握劳动技能和养成热爱劳动的态度是《教育基本法》和《学校教育法》规定的教育目的。从这种对待"劳动"的教育目的出发，家庭、学校和社会共同参与了适龄学生的劳动教育过程。首先，家庭中的劳动教育以家务劳动为主要形式，并为学校中家政课提供进行课程实践的场所。据官方统计，截至2013年超过80%的日本适龄儿童在家庭生活中都承担了不同的家务劳动。具体如根据不同的场合、季节等自己挑选合适的衣服；对于金钱与物品的使用方法都具备一定的决断力。从中可以看出，学校家政课学到的衣食住等与生活相关的知识和技能，家庭提供直接体验和实践的场所。在家庭中承担家务，参与料理的制作，运用技术课上学习的实用技术解决日常生活中的问题，既能提升学生的生活能力，还能培养自身热爱生活、热爱劳动的态度。其次，以家政课、道德课、综合学习时间与特别活动课程为主的学校劳动教育课程。学校劳动教育围绕《学习指导要领》中的课程要求向学生传授劳动知识与技能并培养学生热爱劳动的态度。在日本，家政课是仅有的与劳动教育有直接联系的课程。这门课程设置范围是小学高年级至初中，它主要培养学生在家庭生活中需要具备的劳动知识、技能。道德课则从小学低年级开始设置，主要培养儿童对劳动的了解、热爱，也就是劳动态度的养成。而综合学习时间和特别活动课程，则通过一系列的体验活动，如自然体验活动，手工、生产体验活动，学校中的劳动体验等完成劳动教育。最后，家庭、学校与社会的融合推进。除了家务劳动、学校课程对劳动教育的重视，社会的积极参与也是日本劳动教育的特征。区域社会为学生进行劳动体验提供设施和服务等。社会参与劳动教育的方式是通过社会体验活动，它是由地区学校活动协作组织进行的，其成员不限于学校、家庭，而是在更大范围内吸收了家长、企业、社会团体、社会教育机构等主体的参与。

第三节　外国劳动教育经验对我国的启示

他山之石，可以攻玉，在劳动教育改革过程中我们必须努力开阔眼界，积极吸收和借鉴其他国家好的经验和做法，取其精华，去其糟粕，不断把新时代青少年劳动教育推向前进。

一、德国劳动教育的启示

世界各国劳动教育各有千秋。但德国作为一个发达的工业国家，劳动教育发挥的作用不可忽视，研究德国的劳动教育会对我国劳动教育有重大启示。

（一）明确劳动教育"育人"与"推动经济"的双重价值

德国学校的劳动不仅承担着对学生进行普通教化的功能，还发挥着经济—生态—科技—社会教化功能，在学生全面发展的基础上，使其形成一定的劳动能力和价值观，帮助学生为未来的社会劳动生活做准备。这样一种功能定位澄清了劳动教育的课程地位，厘清了劳动课程与其他学科和课程相互补充的关系。然而，当前我国劳动教育却在培养个体劳动素养的过程中遭遇了"人"的价值危机，由于片面强调劳动教育指向外部世界的手段性目的，而忽视了其对人的发展和自我完善的作用，脱离了促进人全面发展的价值旨归。因此，我国学校劳动教育的建设可以借鉴德国劳动课程的价值定位，以人的全面发展为前提，协调"育人"和新时代"社会经济"发展的关系，将引导学生了解复杂劳动、经济、技术等领域知识，培养批判与反思意识，将发展学业和职业选择能力纳入劳动课程的基本任务之中，使其有能力参与数字化和信息化的社会生活。其次，应将劳动课程定位为跨学科课程，在融会贯通各科知识的同时，遵循教育规律，发挥劳动教育育人与推动经济发展的双重功能，促进个体的全面发展。

（二）以劳动价值观为核心，设置以能力为导向的课程目标

德国学校劳动教育践行以劳动观念为本、以基本劳动技能为用的劳动教育观，形成了以能力为导向的课程目标，将有效适应数字化和信息化的社会生活与职业劳动，以培养合理劳动价值观作为核心内容。

（三）适应信息时代的发展趋势，丰富劳动课程内容

新时代劳动教育面临的新情况就是我们处在21世纪信息科技浪潮之中。劳动教育的课程内容应与时俱进，才能让学生掌握更多信息时代的生存技能。

（四）将项目教学法和传统课堂讲授有机结合

项目教学法已经引入我国三十多年，在职业教育、劳动与技术教育、通用技术教育中广泛运用，效果较好。在劳动教育中，要进一步研究完善改进项目教学法，使之更加适用于我国劳动教育的课程特色，尤其是与传统课堂讲授有机地结合，充分发挥出两种教学方法的优势，弥补劣势。

二、其他国家劳动教育对我国的启示

综观各国劳动教育的发展和特色，国外劳动教育对我国的启示可以归纳为以下三点。

（一）加强观念教育，注重在实践中形成体验

加强劳动教育的观念教育。此次把"劳动技术"课改为"劳动"课，不是因为技术不重要，而是要加强学生正确劳动观念的教育。过去的劳动技术教育，过分注重技术技能教育，往往以完成劳动技术项目为评价标准。综观日本、美国、芬兰，它们都高度重视学生的劳动观念、劳动习惯的养成。当然，技术项目仍是重要载体，西方发达国家愈加重视技术教育和人才的职业化培养，对新技术的认识与应用也逐渐成为劳动教育的重点。受到应试教育的影响，我国劳动教育缺乏社会实践与技术体验，学校、社会、家庭对劳动教育的重要性认识不足，导致学生动手能力较弱。5G 时代的到来对劳动教育的实施提出了更高要求，我们必须紧跟时代形势，借鉴国外有益经验，帮助学生树立现代劳动观念。鼓励他们尽早做好职业发展规划，使其劳动意识和行为与未来社会发展需求相匹配，为培养高素质劳动者和接班人奠定坚实基础。

（二）科学设置内容，注重课程的系统性和连贯性

无论是社会主义阵营还是西方资本主义国家，无一例外都十分注重劳动教育课程体系建设。在课程体系建设过程中，必须充分考虑学生的年龄结构分布以及身心发育特点，低年龄段儿童要以公益劳动、自我服务劳动为主，注重培养学生良好的劳动习惯及价值观。中学阶段要注重培养学生的基础劳动技能，鼓励其积极从事家务劳动以及社区公益劳动。大学阶段要以职业技能培养为主，帮助学生明确未来职业规划，能够主动承担家庭

和社会服务责任。总而言之，每个年龄阶段课程的侧重点不同，上一阶段课程要和下一阶段课程保持良好衔接，要与其他学科形成互补，构建完整的劳动教育课程体系。

（三）完善保障体系，最大限度融通各类优势资源

国外劳动教育教学实施方式非常灵活，能够充分整合校内外资源，通过多种多样、灵活有趣的方式实施教学。除了学校这一教学主体外，各基层社区、家庭、企业都成为劳动教育的支持者和参与者。相比之下，我国在劳动教育的实施保障方面还存在很多不足，社区、企业、家庭整体参与度有待提升。今后我们要最大限度融通各类优势资源，注重师资力量培养与硬件保障体系建设，共同营造尊重劳动的氛围，把尊重劳动的价值置于社会评价体系的重要位置，让崇尚劳动、热爱劳动、劳动光荣成为全社会共同的价值观。

第三章

新时代背景下的劳动教育

> 要努力构建德智体美劳全面培养的教育体系，形成更高水平的人才培养体系。
>
> 要在学生中弘扬劳动精神，教育引导学生崇尚劳动、尊重劳动，懂得劳动最光荣、劳动最崇高、劳动最伟大、劳动最美丽的道理，长大后能够辛勤劳动、诚实劳动、创造性劳动。
>
> ——2018 年 9 月 10 日，习近平总书记在全国教育大会上的讲话

第一节　新时代劳动教育的变革背景

新时代的劳动教育背景离不开新时代的教育背景，新时代的教育背景离不开新时代的社会经济发展背景。

一、新时代的经济背景

"十四五"时期，我国正处于百年未有之大变局的深度调整期、百年未遇之大疫情持续影响期和"两个一百年"奋斗目标的历史交汇期，这三个百年大局相互叠加、相互作用，塑造了新时期我国经济社会发展错综复

杂的时代背景。

当前，全球政治经济秩序加速变革，大国关系发生转折性变化，新一轮科技革命和产业变革改变了传统的生产方式、社会结构和生活方式，世界面临百年未有之大变局。

（一）全球秩序加速变革

随着经济实力的变化，国际体系与世界力量对比的"东升西降""新升老降"的趋势明显。1648 年欧洲"三十年战争"结束后确立的以主权国家为中心并由西方国家主导的威斯特伐利亚体系已维持将近四百年，在当今新兴经济体群体性崛起、国际格局多极化加速发展的趋势下将面临更多的挑战。自近代以来，世界权力首次开始向非西方世界转移扩散，一大批新兴经济体和发展中国家群体性崛起，世界经济中心向亚太转移。百年来西方国家主导国际政治的情况正在发生根本性改变，美国与盟国关系跌入第二次世界大战之后的低点，国家利益至上取代意识形态的趋势上升，越来越多的美国盟国正试图走上战略自主道路。新型全球政治经济秩序正在加速形成。

（二）科学技术推动生产方式、社会结构和生活方式发生深刻变化

以新一代信息技术为代表的生产力变革，推动生产关系、社会结构和生活方式发生根本性变化。信息传输技术的进步、范围的扩大，让社会分工更为灵活。非国家行为主体尤其是巨型高科技跨国公司异军突起，在全球生产组织中发挥重要作用。人工智能等突飞猛进，深刻重塑人类社会的生产生活方式。我国在信息技术发展上具有独特技术代际跨越和市场规模优势，尤其是在部分新兴领域已经站在了前沿。信息技术的发展，使许多我们过去想做而做不到的事情成为现实，使体制机制有了更多的创新空间。

经济社会的快速发展，促使劳动的形式和内容发生快速的变化。

二、新时代的教育背景

中华人民共和国成立 70 多年来，教育事业取得了举世瞩目的巨大成就。1949 年，全国 5.4 亿人口约 80% 不识字，只有 3000 多万名小学在校生、100 多万名中学在校生、10 多万名大学在校生，大中小学在校生规模类似"倒图钉形"。世纪之交，"倒图钉形"逐渐成为"金字塔形"。在 2020 年 14 亿人口中，全国小学、初中、高中、大学的在校生，分别为 1.03 亿人、4653 万人、3935 万人、3833 万人，已经呈现"正梯形"。同年，全国小学学龄儿童净入学率为 99.95%，初中阶段、高中阶段、高等教育的毛入学率分别为 100.9%、88.8%、48.1%，学前教育毛入园率为 81.7%，这些指标已达同期中上收入国家平均水平。

新中国教育发展阶段按其特征可以划分为四个时期：一是穷国办大教育；二是大国办大教育；三是大国办强教育；四是强国办强教育，即未来的现代化强国举办更强大教育。

教育具有基础性、超前性和战略性特点。总体上判断，我国教育发展正处于大国办强教育的发展阶段。《国家中长期教育改革和发展规划纲要（2010—2020 年）》明确提出，到 2020 年基本实现教育现代化，为国家现代化奠定教育与人力资源的坚实基础。

中国特色社会主义进入了新时代，这是我国发展新的历史方位。这是中国教育实现从大到强、建设教育强国的新时代，是中国教育适应更高层次开放型经济、促进人的全面发展的新时代；是中国人民享受世界水平现代化教育的新时代，是中国教育更加自信地走向世界舞台中心的新时代。

2022 年，党的二十大报告指出，教育、科技、人才是全面建设社会主义现代化国家的基础性、战略性支撑。在中华民族伟大复兴战略全局和世界百年未有之大变局的时代背景下，教育肩负着特殊而重大的使命，直接关系到党和国家事业发展全局，战略地位和作用更加凸显。党的二十大报告强调，要坚持为党育人、为国育才，全面提高人才自主培养质量，着力造就拔尖创新人才，聚天下英才而用之。我们要紧紧围绕提高人才自主培养质量，推进人才培养模式改革，系统构建创新人才培养体系，提升拔尖创新人才培养能力，源源不断输送能够担当民族复兴大任的时代新人。

第二节　新时代劳动教育的课程标准

在新时代的社会经济背景下，在新时代教育背景下，站在实现中华民族伟大复兴中国梦的战略高度，以习近平同志为核心的党中央对教育与劳动结合进行了创造性的运用和发展，把劳动教育纳入人才培养总要求，作为新时代立德树人的重要载体，明确提出构建德智体美劳全面培养的教育体系，培养德智体美劳全面发展的社会主义建设者和接班人。

2020 年 3 月 20 日《中共中央国务院关于全面加强新时代大中小学劳动教育的意见》（以下简称《意见》）发布。《意见》把劳动教育的意义提升到"直接决定社会主义建设者和接班人的劳动精神面貌、劳动价值取向和劳动技能水平"的高度。2021 年 4 月，"培养德智体美劳全面发展的社会主义建设者和接班人"被写入新修订的《中华人民共和国教育法》，"劳"被纳入国家教育方针，实现了同德智体美同样重要的地位，五育并举以法律形式固定下来。2022 年 4 月教育部颁布了新中国成立以来首个义务教育阶段《劳动课程标准》，劳动教育，带着新时代的新期待强势回归！

在本次课程标准颁布之前，劳动课还被称为劳动与技术教育课程。2001 年教育部颁布的《义务教育课程方案》中指出，"三至九年级增设综合实践活动，内容主要包括：信息技术教育、研究性学习、社区服务与社会实践以及劳动与技术教育等"。劳动与技术课被放到了综合实践课程中，这是新中国成立以来首次没有单独设置劳动技术课。《义务教育课程方案》中规定，"综合实践活动的课时可与地方、学校自主使用的课时结合在一起使用，可以分散安排，也可以集中安排。地方与学校课程的课时和综合实践活动的课时共占总课时的 16%—20%"。由于没有单独的劳动技术课程标准，劳动技术课老师只能从 2017 年 9 月教育部印发的《中小学综合实践活动课程指导纲要》中找到劳动技术课内容的描述，即"综合实践活动的主要方式及其关键要素之三：《设计制作》。设计制作指学生运用各种工具、工艺（包括信息技术）进行设计，并动手操作，将自己的创意、方案付诸现实，转化为物品或作品的过程，如动漫制作、编程、陶艺创作等，它注重提高学生的技术意识、工程思维、动手操作能力等"。2022 年 4 月教育部颁布了新中国成立以来首个义务教育阶段《劳动课程标准》，课程标准在多个方面有所突破，意义重大。

一、完善立德树人的重要举措

我们党的教育方针始终坚持"德智体美劳"五育并重，全面发展是回答"培养什么样的人"的标准答案。德育、智育、体育、美育、劳育，是一个学生全面发展不可或缺的部分。对学生开展劳动教育，是青少年儿童养成道德品质的重要组成部分。实施劳动教育，能使学生树立劳动创造一切的观点，懂得劳动光荣、懂得自己的幸福靠劳动创造，热爱劳动和劳动人民，能促进学生良好品德的形成。例如，通过力所能及的家务劳动和自我服务性劳动，如洗衣、扫地、整理床铺、做饭、洗碗筷等，学生们在这些劳动中，树立了劳动观念和为别人服务的思想，同时在劳动中不断克服困难，也有利于形成坚强的意志，使他们养成了吃苦耐劳、勤俭节约、勇敢诚实的良好美德。劳动教育是落实立德树人根本任务的重要载体。《劳动课程标准》的出台，完善了立德树人根本任务在义务教育阶段课程规范落地的顶层设计，解决了多年缺乏国家课程标准带来的理念目标不明确、课程开设不足、课程内容散乱不统一、评价混乱无章法等一系列问题。

二、深化社会主义核心价值观的重要体现

以往的劳动技术课过分重视学生操作技能的锻炼，而缺乏对学生劳动观念、劳动习惯、劳动精神的培养。劳动观念就是指在劳动实践中逐渐形成的，对劳动、劳动者、劳动成果等方面的认知和总体看法，以及在此基础上形成的基本态度和情感。随着社会主义核心价值观不断深入人心，教育者认识到，劳动观念是学生人生观、价值观、世界观的重要组成部分，也是社会主义核心价值观念的重要组成部分。

三、更新了劳动课程的名称

几十年来，课程名称从"劳动技术"变为"劳动与技术"，后来又成为综合实践课程的一部分，从课程名称就能看出课程的理念及其分类一直在摇摆不定，也有关于劳动与技术之间关系的争论。如今，劳动课程重新从综合实践活动课程中独立出来。课程正式更名，明确从"劳动与技术课"改为"劳动课"。"技术"导向突出关注了操作、训练，删去"技术"二字并不是说明技术或能力不重要，而是说我们不仅应该关注学生的劳动技术或能力，还应该关注劳动观念、劳动习惯和品质、劳动精神等另外三个劳动课程核心素养。要着眼于"全人"的培养，而不是培养仅仅会操

作、会加工的人。这也是落实立德树人根本任务的体现。

四、提升了劳动课程的等级

众所周知，之前的劳动与技术课程和综合实践课程都没有国家课程标准。国家课程标准的意义就在于它是教材编写、教学、评估和考试命题的依据，是国家管理和评价课程的基础。课程标准的颁布体现了国家对不同阶段的学生在知识与技能、过程与方法、情感态度与价值观等方面的基本要求。课程标准规定了劳动课程的性质、目标、内容框架，提出教学建议和评价建议。由于课程标准规定的是国家对国民在某方面或某领域的基本素质要求，因此，它毫无疑问地对教材、教学和评价具有重要指导意义，是教材、教学和评价的出发点与归宿。因为无论教材还是教学，都是为这些方面或领域的基本素质的培养服务的，而评价则是重点评价学生在这些方面或领域的表现如何，是否达到了国家的基本要求。

五、首次提出了劳动课程核心素养

学科核心素养是学科育人价值的集中体现，是学生通过学科学习而逐步形成的正确价值观、必备品格和关键能力。《劳动课程标准》明确提出，劳动课程核心素养是：劳动观念、劳动能力、劳动习惯和品质、劳动精神。各学科基于学科本质凝练学科核心素养，是为建立核心素养与课程、教学的内在联系，充分发挥各学科课程、教学在全面贯彻党的教育方针、落实立德树人根本任务、发展素质教育等方面的独特育人价值。劳动课程核心素养的提出，进一步明确了劳动课不仅仅要发展学生的劳动技能，还要努力培养学生正确的劳动观念、良好的劳动习惯、弘扬劳动精神。指向学科核心素养的课程实施源于学科知识又超越学科知识，是学生在学习学科课程的过程中形成的对学科的本质与规律的深刻认知和把握，具有持久性和可迁移性，它能够引领学生将习得的学科知识和技能应用到日常生活中去，帮助学生站在学科的角度思考和处理问题。

六、明确细化了劳动课程内容

几十年来，劳动与技术课程在国家层面一直没有明确的课程内容，确实是受限于我国幅员辽阔、各具特色，各地经济社会发展不平衡，劳动教育需要各种设备工具和材料，很难像文化课规定严格的内容。也正是由于这个原因，劳动课程的内容因地制宜，也变得五花八门。但是，不同学段的学生到底应该学习哪些劳动内容才科学合理？2022年颁布的《劳动课程标准》给出了清晰、科学的答案。课标中给出了10个任务群，涵盖日常生活劳动、生产劳动和服务性劳动三个类型，并按1—2年级、3—4年级、5—6年级和7—9年级分学段给出了具体教学内容的建议，形成了整体规划、纵向推进、因地制宜、各有侧重的特点。

七、提出了学生评价的要点

评价是检查课程的目标、编订和实施是否实现了教育目的，实现的程度如何，以判定教师教学水平、课程设计的效果，并据此做出改进课程的决策。几十年来，劳动与技术课程从顶层设计上一直没有具体、明确的评价要求和评价方法。很多学校不开设劳动技术课程，开设劳动技术课程的学校也很少主动进行评价。《劳动课程标准》明确指出"劳动课程评价是劳动课程体系建设的重要组成部分，对促进劳动课程的目标实现、保障劳动教育的实施效果等具有重要意义。劳动课程评价要遵循基本的原则，注重平时表现评价和阶段综合评价"。课标还建议平时表现评价以表现性评价为主，可以采用劳动任务单、劳动清单、劳动档案袋等工具。阶段综合评价中的结果性评价可采用测评形式，通过考查学生在完成测评任务过程中的表现来进行。在 2020 年 3 月中共中央、国务院颁发的《关于全面加强新时代大中小学劳动教育的意见》中指出"把劳动素养评价结果作为衡量学生全面发展情况的重要内容，作为评优评先的重要参考和毕业依据，作为高一级学校录取的重要参考或依据"。

第三节　新时代劳动教育的核心素养

劳动课程要培养的核心素养，即劳动素养，主要是指学生在学习与劳动实践过程中逐步形成的适应个人终身发展和社会发展需要的正确价值观、必备品格和关键能力，是劳动课程育人价值的集中体现，主要包括劳动观念、劳动能力、劳动习惯和品质、劳动精神。

一、"劳动观念"核心素养分析

（一）"劳动观念"的内涵分析

课标中指出："劳动观念是指在劳动实践中逐渐形成的，对劳动、劳动者、劳动成果等方面的认知和总体看法，以及在此基础上形成的基本态度和情感。劳动观念主要表现为：学生能尊重劳动，尊重普通劳动者，了解不同职业劳动者的辛苦与快乐，理解'三百六十行，行行出状元'的道理；能正确理解劳动对于个人生活、家庭幸福、社会进步、国家富强和人类发展的意义，懂得劳动创造人、劳动创造财富、劳动创造美好生活的道理；能崇尚劳动，牢固树立劳动最光荣、劳动最崇高、劳动最伟大、劳动最美丽的观念。"

课程标准对于"劳动观念"的表现可以理解为三个层次，即"尊重、理解、崇尚"。首先是要求学生应该尊重劳动、尊重劳动者，这是最基本的要求。这也是针对当前一些学生中出现的瞧不起体力劳动者、奢靡浪费的现象。其次是要学生能理解各行各业都能出彩，理解劳动对于个人、家庭、社会、国家和人类的重大意义，理解劳动创造一切幸福的道理，这个层次要比"尊重"高，同时让高年级学生在尊重的基础上领悟理解一些道理。最后是不仅仅"尊重""理解"，还要去"崇尚"，从内心去热爱劳动，树立劳动最光荣、最崇高的理念。这样的描述符合观念上的由低到高、由浅入深的递进。

"劳动观念"具有重要的教育价值。马克思主义认为，"意识决定行为"，学生只有在观念上、思想上、认识上对劳动摆正态度、端正思想，才能有正确的劳动行为，即劳动能力、劳动习惯与品格的外显性行为。

（二）"劳动观念"的教学形式

"劳动观念"的教学应该渗透到每一节劳动课中，教学方式不应该是说教式，而是积极采取适合本年龄段学生喜闻乐见的教学活动。

比如根据场域的不同，在课堂教学中可以先通过视频、图片等介绍劳动人物（劳模、非遗传承人、工程师）的事迹或介绍该种劳动形式或材料在人类发展历史中的推动作用，让学生尊重劳动、尊重劳动者，感受劳动给人类社会带来的价值，树立劳动光荣伟大的观念。

在家庭劳动中，学生可以听父母讲家庭的历史故事，了解父母的职业，知道他们为家庭承担的责任，体会幸福是劳动奋斗出来的，树立正确的家庭劳动观。学生能通过家庭劳动，看到劳动成果，感到荣誉感和幸福感，提高家庭主人翁意识。通过主动了解家政服务员、小区保洁员、物业管理员的工作，增强对劳动人民的深厚感情，增强服务他人和社会的劳动情怀。

在参与服务性劳动过程中，学生通过参观展览、实地体验等方式认识到所体验职业的基本情况，了解该职业是如何促进经济社会发展的，认识到所体验职业在实现中国梦过程中的重要意义。体验出汗出力，体验劳动不易，懂得"幸福是奋斗出来的"的道理，通过参与校外公益劳动与志愿服务劳动，增强荣誉感和幸福感，通过公益劳动和志愿服务以及职业体验，形成愿意为他人和社会提供志愿服务的观念。

（三）"劳动观念"的教学内容

"劳动观念"在不同学段上的教学内容要求是循序渐进的。从1—2年级的"懂得道理、感知、喜欢劳动"到3—4年级的"尊重劳动者、热爱劳动"，从3—4年级关注"劳动道理和劳动态度"到5—6年级形成"初步树立观念"，进而在7—9年级递进上升到"人类社会、中国梦、牢固树立观念"。从1—2年级"人人都要劳动"到3—4年级"一分耕耘，一分收获"，从5—6年级"劳动创造财富"上升到7—9年级"劳动创造人"。这些都体现了"劳动观念"核心素养教学内容的循序渐进和纵向推进。

二、"劳动能力"核心素养分析

（一）"劳动能力"内涵分析

课标中指出："劳动能力是指顺利完成与个体年龄及生理特点相适宜的劳动任务所需的胜任力，是个体的劳动知识、技能、行为方式等在劳动实践中的综合表现。劳动能力主要表现为：学生具备基本的劳动知识和技能，能正确使用常用的劳动工具；能在劳动实践中增强体力，提高智力和创造力，具备完成一定劳动任务所需要的设计能力、操作能力及团队合作能力。"

课程标准对于"劳动能力"的表现可以理解为三个层次，即"基本的知识技能、体力智力创造力、设计能力操作能力合作能力"。第一个层次，相较于以前的劳动技术课程，本次劳动课标中的"劳动能力"没有仅仅局限于设计操作加工的能力，而是将一般简单的基础劳动知识技能作为学生必须具备的，比如"烹饪与营养"中的择菜、煮水饺等。第二个层次，新增了"增强体力，提高智力和创造力"的内容，通过以劳强体、以劳增智，体现了劳动教育在五育中的基础性作用，为在劳动课程中进行五育融合埋下了伏笔。第三个层次，要求学生能在任务中提高"设计能力、操作能力及团队合作能力"，如果说设计能力和操作能力是第一个层次的更高更明确的要求，那么把合作能力纳入劳动能力则是首次，也是必要的。学生在未来想有高水平的发展，一定是在与伙伴合作的氛围下才能实现的。

"劳动能力"这一核心素养具有重要的教育价值。一个人只是尊重劳动、热爱劳动，没有掌握任何劳动的技能，五谷不分、四体不勤，那显然对社会、对家庭来说依然是没有价值的，更谈不上保持劳动习惯了。

（二）"劳动能力"教学形式

"劳动能力"的教学应该渗透到每一节劳动课中，教学方式更多的是项目式或任务式的，让学生在动手体验劳动项目或任务的过程中，发展劳动能力。

比如根据场域的不同，在课堂教学中可以安排不同任务群建议的活动项目，如"传统工艺制作"中的"陶艺、纸工、布艺、木雕、刺绣、篆刻、拓印、景泰蓝、漆艺、烙画等"。学生了解其基本特点，熟悉制作的基本技能与方法。根据劳动需要，综合运用工艺知识进行设计，通过绘制规范的示意图表达设计方案，并合理选择相应的技能进行制作。在项目或任务的选择上，可以融合应用数学物理等多学科知识，鼓励创新设计，促进智力和创造力的发展。同时，可以通过2人一组或小组分工合作的形式，发展学生互帮互助发挥各自特长完成相关劳动项目或任务，发展学生团队合作能力。

在家庭劳动中，学生也是依托衣柜鞋柜的收纳或凉菜热菜的烹饪等具体的劳动任务，在尝试完成劳动任务的过程中掌握基本的劳动知识和技能，正确使用常用的劳动工具。

在参与服务性劳动过程中，学生通过到校外劳动机构进行项目操作或职业体验，以及参加志愿服务和公益劳动过程中，先跟随校外专家学习相关劳动知识技能、通过团队合作发展设计能力和操作能力。不能出现"有劳无教"的情况，单一的、枯燥的、类似"站岗"式的劳动无法使学生发展设计能力、操作能力和团队合作能力，与劳动课程设置的初衷是相违背的。

（三）"劳动能力"教学内容

"劳动能力"的教学内容是深深扎根于 3 类劳动及 10 大任务群中的。在课标中专门有对每个学段每个任务群的"内容要求""素养表现""活动建议"。

在不同学段上的教学内容要求也是循序渐进的。比如"农业生产劳动"任务群中，1—2 年级要求学生学习种植绿萝、文竹等植物，饲养金鱼、蚕等动物；到了 3—4 年级，则要求学生学习种植大白菜、西红柿、黄瓜，在规定的要求内饲养鸡、鸭等；5—6 年级要求学生学习种植花草果树，饲养兔子、羊；到了 7—9 年级要求学生学习盆栽、农副产品保鲜与加工、水产养殖、稻田养殖。这些都体现了教学内容的循序渐进和纵向推进。随着学生劳动能力的增长，劳动对象也从低年级的"给自己劳动，掌握基本生存能力"到高年级的"为他人劳动、为家庭劳动、为学校劳动、为社会劳动"。

三、"劳动习惯和品质"核心素养分析

（一）"劳动习惯和品质"内涵分析

课标中指出："劳动习惯和品质是指通过经常性劳动实践形成的稳定行为倾向和品格特征。劳动习惯和品质主要表现为：学生具有安全劳动、规范劳动、有始有终等习惯；养成自觉自愿、认真负责、诚实守信、吃苦耐劳、团结合作、珍惜劳动成果等品质。"

课程标准对于"劳动习惯和品质"的表现分为三个习惯和六个品质。在"劳动习惯"中，首先要培养学生"安全劳动"的习惯。中学生好奇心重，尤其是初中学生，进入劳动实验室后，对很多设备工具非常好奇，擅自触摸很容易造成人身伤害，所以首先应该反复提醒学生注意安全。但是，不能因为安全而不让学生进行操作，要让学生进行规范操作、规范劳动。教师要指导学生认识安全正确使用工具设备的流程，切忌违章操作。操作完成之后，尤其是课堂教学接近尾声时，学生往往沉醉于自己的劳动成果，有的兴奋有的沮丧，听到下课铃声响起就不由自主地要离开劳动实验室去上下一节课，往往忘记整理收拾工具、清理垃圾，而这正是劳动习惯养成的重要时刻，教师应该在下课前预留5分钟跟学生讲明整理收拾工具清理垃圾的要求，监督督促学生养成"有始有终"的劳动习惯。

"劳动品质"中，课标提出学生要"养成自觉自愿、认真负责、诚实守信、吃苦耐劳、团结合作、珍惜劳动成果等品质"，这六个品质也确实都是针对当下一些中学生出现的不愿意劳动、不认真劳动、不守信劳动、吃不了苦、独生子女不会与他人合作劳动、浪费挥霍等现象。

"劳动习惯和品质"课程核心素养有重要的育人价值，是落实立德树人根本任务的重要体现，正是因为把"劳动习惯和品质"的培养纳入劳动课程和劳动课程核心素养中，劳动课程才不仅仅是培养学生劳动技能

的课堂，而成为培养一个真正的"全人"的课堂，我们不能仅仅关注学生的操作技能，还要注重通过劳动使得学生自觉自愿从心底里热爱劳动、认真劳动、克服困难劳动、与他人合作劳动、通过劳动知道劳动成果来之不易。

（二）"劳动习惯和品质"教学形式

"劳动习惯和品质"的教学应该渗透到每一节劳动课中，教学方式可以采用讲授式、讨论式或项目式的方式。

在课堂教学中的最开始，可以通过劳模、大国工匠的图片视频案例采用讲授法向学生介绍他们的劳动品质，激发学习兴趣和向榜样学习的动力。无论是在课堂教学、家庭劳动还是校外公益劳动志愿服务中，在学生参与任何项目或任务的过程中，教师都要提前考虑如何把"劳动习惯和品质"的要求润入其中，从细节入手提醒、督促、培养学生的劳动习惯和品质，尤其是学生在操作前学习设备工具的安全操作规范、定期对设备工具进行维护保养，项目完成后要及时清理垃圾、整理收拾工具，养成良好的劳动习惯。当然，在项目或任务结束后，教师也可以采用讨论式的教学方式，让学生说一说在劳动过程中的感受，比如在哪个劳动环节遇到了困难，自己是如何解决的，在学生的自我反思和互相讨论中，能够反映学生在劳动习惯和品质方面的形成性证据。

（三）"劳动习惯和品质"教学内容

"劳动习惯和品质"在不同学段上的教学要求是有区别的。在"劳动习惯"方面，根据课程标准中的学段目标，1—2年级更加侧重"有初步安全意识、有始有终、认真劳动"，3—4年级则侧重"遵规守约、珍惜成果、合作劳动"，5—6年级强调"诚实劳动、合法劳动"，7—9年级则侧重"劳动效率、劳动质量"。

四、"劳动精神"核心素养分析

相对于"劳动习惯和品质"是看得见摸得着的,"劳动精神"则是内化的,是看不到的。在教学中如何把握、在评价中如何体现,是一个难点。

(一)"劳动精神"的内涵分析

课标中指出:"劳动精神是指在劳动观念、劳动能力、劳动习惯和品质的培养过程中形成和发展的,在劳动实践中秉持的关于劳动的信念信仰和人格特质。劳动精神主要表现为:学生能领会'劳动是一切幸福的源泉''幸福是奋斗出来的'的内涵与意义;继承中华民族勤俭节约、敬业奉献的优良传统;弘扬开拓创新、砥砺奋进的时代精神;感知爱岗敬业、甘于奉献的劳模精神;培育百折不挠、艰苦奋斗的革命精神,以及精益求精、追求卓越的工匠精神。"

课程标准对于"劳动精神"的表现可以理解为三个层次,即"领会内涵、继承传统、弘扬感知培育四种精神"。

"劳动精神"描述中所使用的动词也是符合学习的循序渐进、螺旋上升的规律的。从"领会"这个接近"知道、理解"的较为低阶的要求开始,进而要求能"继承",最后要求"弘扬",也就是要求学生从"知道理解"升华到去身体力行去弘扬。义务教育阶段到底需要培养学生什么样的劳动精神?课程核心素养明确给出了答案,即时代精神、革命精神、劳模精神和工匠精神这四种精神。四种精神既突出了时代也不忘过去的优良传统,也有具象的"人物"形象,即"劳模"和"工匠",让学生在精神的学习中能有一些摸得着、看得到的抓手。

(二)"劳动精神"的教学形式

"劳动精神"的教学与"劳动习惯和品质"的教学一样应该渗透到每

一节劳动课中，教学方式可以采用讲授式、讨论式或项目式的方式。具体与"劳动习惯和品质"接近，这里不再赘述。

（三）"劳动精神"的教学内容

"劳动精神"在不同学段上的教学要求是有区别的。根据课程标准中的学段目标，1—2 年级侧重"不怕脏、不怕累"，3—4 年级侧重"勤俭节约、不怕困难"，5—6 年级强调"积极探索、追求创新"，7—9 年级侧重"不畏艰辛、锐意进取、精益求精"。

五、劳动课程核心素养四方面之间关系

劳动课程核心素养的四个方面是彼此联系的有机整体，劳动观念是意识、是软件，劳动能力是行为、是硬件，行动起来才能养成劳动习惯和品质，它们共同形成金字塔的底座，经过一段时间的积累，最终帮助学生形成劳动精神。

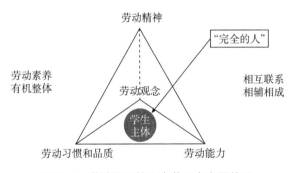

图 3-1　劳动课程核心素养四个方面关系

劳动课程核心素养的四个方面应该是在每一节课的教学中都要渗透的四个方面，而不是孤立的，不能一节课只讲劳动观念，而另一节课去单独讲劳动精神。

第二篇　育人实践

实施新时代的劳动教育需要我们深入落实立德树人的根本任务，牢牢把握课程和课堂这两个主阵地和主渠道，从区域和学校等多个层面研究、建设、实施劳动教育。摒弃劳动课只教技术的错误观念，站在育人的高度使学生逐步形成正确的价值观念、必备品格和关键能力。

第四章

区域劳动教育的一体化建设

中共中央、教育部分别印发文件对劳动课程进行顶层设计。针对劳动教师理念落后、各校劳动资源匮乏、课程结构单一、内容陈旧僵化、课程实施缺乏特色且不连贯、评价随意不规范等落地问题，八十中主持中国教育学会课题，十所学校参与研究，逐步形成了新时代朝阳区中小学劳动教育"六个一体化"育人成果，即课程理念一体化（不能仅关注技能，还要关注观念、精神、习惯的一体化培养）、课程资源一体化（城乡协同一体共享多类资源）、课程结构一体化（形成课堂必修、校内活动、家庭合作、校外体验四类课程，突出"家、校、社会"三位一体）、课程内容一体化（开发五育融合一体劳动项目、多学科一体化渗透）、学段实施一体化（在王选班等进行小初高一体化实施）、课程评价一体化（探索过程性与终结性一体化评价），最终实现高质量、均衡、有特色的区域劳动教育，实现学生的全面发展。

第一节 区域劳动教育一体化的提出与背景

人类起源于劳动，劳动创造了人类，创造了人类的物质文明和精神文明，教育起源于劳动，劳动具有重要的育人功能。劳动教育是中国特色社会主义教育体系的重要内容。经全区学生问卷调查显示，当代中学生劳动机会减少、劳动意识缺乏，出现了一些学生不会劳动、轻视劳动，不珍惜劳动成果的现象。因此，加强中小学劳动课程建设，是落实立德树人，深化教育领域综合改革的现实需要，对促进学生德智体美劳全面发展具有重要意义。

一、加强劳动课程育人是新时代教育发展的政策重点之一

长期以来，劳动独特的育人价值在一定程度上被忽视，劳动教育在学校中被弱化、在家庭中被软化、在社会中被淡化。2018 年 9 月，习近平总书记在全国教育大会上强调"要在学生中弘扬劳动精神，教育引导学生崇尚劳动、尊重劳动，懂得劳动最光荣、劳动最崇高、劳动最伟大、劳动最美丽的道理"。2020 年 3 月，中共中央、国务院颁布了《关于全面加强新时代大中小学劳动教育的意见》，这是新中国成立以来首次以中共中央名义颁发的关于劳动教育的文件，吹响了我国新时代全面加强劳动教育的号角。2022 年，教育部正式印发《义务教育课程方案》，将劳动从原来的综合实践活动课程中完全独立出来，并发布义务教育《劳动课程标准（2022 年版）》，劳动课程有了国家标准。

二、当前劳动课程育人实施存在不少障碍

尽管新时代中央已经明确了劳动教育的基本理念、课程目标和内容。然而，在课程落地阶段，依然暴露出如下问题：

（一）教师的课程理念仍停留在劳动技能的教学，没有加强劳动观念、劳动精神和劳动习惯的教学

教育部公布了《劳动课程标准》对于一线劳动教师是重大利好，老师们终于有了国家层面的顶层设计，有了国家课程标准，有了规定的教学内容。老师们都积极地开发各个劳动实践项目，干劲十足，然而，很多一线老师仍然像以往一样，过分重视实践项目，重视技能操作，而恰恰忽视了此次课标出台中强调的"劳动观念""劳动习惯和品质""劳动精神"的培养。

（二）朝阳区城乡差别较大、各校劳动教师单打独斗导致资源匮乏、缺乏整体设计

朝阳区内既有市级示范校，也有农村基础薄弱学校，学校间差异较大。朝阳区的外来人口和流动人口较多，既有工农家庭，也有很多外来新市民，学生组成复杂多样，加之朝阳教育近年处于学校合并重组集团化办学阶段，原有劳动技术课基础较好的学校正在调整撤并，新的集团学校劳动教育相关实验室和资源还处于在建阶段。所以，区域内各校劳动资源不平衡，各校基本只有一位劳动教师，缺乏整体进行劳动课程设计的能力和资源。

（三）现有劳动课程结构单一、课程内容陈旧僵化

在朝阳区教委和教科院的努力下，近几年多数学校基本能开设劳动技术的必修课程，少数学校开设了选修课程或社团课程，课程结构仍然较为单一。课程内容方面仍然延续多年来劳动技术课的教学内容和实践项目，缺乏项目迭代，时代特色不明显，育人效果一般，课程资源开发和供给能力较差。

（四）千校一面的劳动课程导致课程实施缺乏特色且不连贯

近十年来，劳动技术课程被包含在综合实践课程中统筹实施，课程一度被弱化，所以课程实施也不连贯，有的小学不是从1—6年级都开设，中间会中断两年，有的初中学校，只在初一开设，或因师资原因仅在初二开设一个学期，更不用说实施出学校特色了。

（五）课程评价无保障、随意不规范

之前由于没有国家课程标准，缺乏课程对学生评价的依据，劳动课程也没有纳入学业水平考试，缺少评价的政策保障。个别学校开展劳动课程的学生评价也存在不科学、不规范的现象。

三、劳动课程育人的区域推进实践研究基础

朝阳区有着一定的劳动教育研究基础，2019年，八十中申报的课题《立德树人背景下北京城市中学劳动教育体系的区域实践研究》被中国教育学会立项为一般规划课题（课题编号：201900291501B）。研究团队中，八十中学是北京市示范性高中，先后被评为"全国综合实践活动课题研究先进实验学校""北京市金鹏科技团"学校。曾获北京市基础教育教学成果奖和北京市优秀课程成果奖，出版著作四部，校本学生实践手册20余本。北京市第九十四中学朝阳新城分校位于东坝，被评为"北京市中小学生植物栽培实践活动示范校""北京市家庭教育与家风家校协同基地校"。此外，还有8余所学校参与研究，覆盖城市学校、农村学校、城乡接合地带学校，覆盖高中学校、初中学校、九年一贯制学校，试图探索区域推进中小学劳动课程一体化的实践策略。

第二节 区域劳动教育一体化的过程与方法

一、准备阶段（2018 年 4 月至 2020 年 5 月）

（一）分析区情校情

如何开展、开展什么特色的劳动教育？回答这个问题需要我们牢牢把握朝阳的区情。朝阳地处北京市东部的城乡接合地区，既有高科技产业集中的望京地区也有以旧产业为主的王四营地区，既有金融商务产业发达的国贸地区也有农业产业发达的黑庄户地区，既有奥运场馆密集的体育文化地区也有回民集中的常营地区，地域差异大，发展不均衡，但使得朝阳区有丰富的劳动教育资源。朝阳区的外来人口和流动人口较多，既有工农家庭，也有很多外来新市民，学生组成复杂多样，加之朝阳教育近年处于学校合并重组集团化办学阶段，原有劳动技术课基础较好的学校正在调整撤并，新的集团学校劳动教育相关实验室和资源还处于在建阶段。

（二）学习研究文献

2020 年 3 月，课题组在中国知网以"劳动教育"为关键词搜索近 8 年的文献 198 篇进行文献综述。发现新中国的劳动教育的理念根据经济社会发展需要不断调整侧重，多数时期偏重技能学习。各地开展劳动教育的水平良莠不齐，基层学校劳动教育根据各校所掌握的资源不同，发展各具特色，但缺乏系统性、一体化、规范的区域整体设计。课题组全体老师认真学习了相关文献，对劳动教育的思想认识进一步提高，对课题研究路径进一步统一。

（三）组织调查问卷

2020 年 4 月 20 日，课题组对全区 36 所中学的 7000 余名学生和 200 余名教师进行了调查问卷。了解到学生对于劳动教育兴趣高、意愿强，但迫于学业压力参与时间短；了解到教师对劳动课程中劳动观念、劳动习惯和品质、劳动精神的教学意识还较为薄弱、教学资源较为匮乏。通过问卷掌握了本区域教师和学生对劳动的基本看法，对区域劳动课程一体化的构建与实施有一定帮助。

朝阳区劳动教育调查　学生问卷数据报告（节选）

本问卷的调查日期是 2020 年 4 月 20 日，组织者为朝阳区教科院劳动教研员刘晓岩老师，数据分析者为何斌。样本涵盖全区 36 所中学，样本数量为 7012 名学生。样本中 99.5% 为高一、高二年级和初一、初二年级学生。城市中学占 93%。

在家庭劳动方面，有 54% 的学生经常帮父母做家务，20% 的学生会自己洗内衣，24% 的学生不仅会洗自己的衣服还能洗床单被罩。除了 55% 的学生会整理自己的房间外，还有 22% 的学生会整理家庭的公共区域。有 51% 的学生会做简单的饭菜。但仍有 34% 的学生在父母的提醒和要求下才去做家务，66% 的学生偶尔或两三天才做一次家务。

在学校劳动方面，有 54% 的学生能在学校参与值日，主动擦黑板、扫地、墩地，94% 的学生在学校上过劳动技术课，79% 的学生认为开设劳动技术课非常有必要。只有 36% 的学生希望老师讲授，有 31% 的学生希望在老师的指导下实践，还有 12% 的学生希望去校外劳动基地，另有 20% 的学生希望在学校的劳动社团活动。

在校外劳动方面，关于学校组织过的校外劳动活动类型，由高到低依次是社区志愿者、清扫马路、植树造林、维护交通、到敬老院看望老人。

从不同性别来看，女生会洗自己内衣和整理房间的比例比男生更高。男女生在是否会做饭上和在做家务的频次上没有显著差异。在学校劳动中，女生更加自觉值日擦黑板，男生更多按老师安排去值日。女生更喜欢积极参加活动并记录自己在劳动中的心得体会，而男生更自认为能出色地完成劳动任务更重要。

从不同年级来看，初一（13岁）学生比高二（17岁）学生更觉得劳动高尚并喜欢劳动。初一学生比高二学生会更多地帮助父母做家务。高二学生比初一学生洗自己内衣的比例更高。初一学生和高二学生在会收拾房间和在会做饭的选项上无明显差异。初一学生认为我是家庭成员我应该去做家务的比例更高，而高二学生经家长提醒才去做家务的比例更高。初一学生做家务比高二学生更加频繁。对于劳动课的看法，初一学生更认为有必要，高二学生认为无所谓的比例更多。

（四）培训分享交流

朝阳区教科院近三年在教研员的领导下开展了金工、木工、电子、服装、家政等培训1000余人次，课题组开展8学时的专题培训。课题组遴选出劳动技术开展较好的、具有学段和地域特点的5所学校进行劳动教育校本发展的交流论坛20余学时，帮助老师们打开思路，共享经验，设置学区龙头校牵头组织，使每所学校在区域劳动课程体系的基础上形成本校劳动特色课程体系方案。

（五）形成成果框架

基于前期的调研及专家的指导，我们于2020年5月初步形成了解决劳动课程问题的一系列措施，试图构建新时代均衡、富有特色、高质量的区域整体劳动课程。

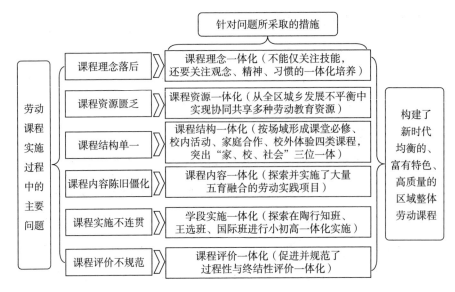

图 4-1　解决问题的区域劳动课程育人实践框架

二、实施阶段（2020 年 5 月至 2022 年 9 月）

我们在朝阳区内遴选 10 余所学校进行一体化尝试实施。采用行动研究法，组建研究实施团队，以点带面实施。

（1）通过学习实践反思形成螺旋上升的课堂教学改进策略。课堂始终是劳动教育的主战场，我们开发符合五育融合的学生劳动活动项目，将原有劳动技术课的教学设计改为突出以培养学生正确劳动价值观念和良好劳动品质的劳动课教学设计。参加实验的各校进行首轮实施后研讨、改进再实施。

（2）根据朝阳区劳动资源的特色分布情况，组建五大板块分别由五所龙头学校带动发展、五个板块之间协同驱动实施。

高碑店乡
以北京市十七中为代表

望京地区
以八十中学等为代表

东坝地区
以九十四中朝阳新城
分校为代表

崔各庄乡
以八十中嘉源分校为代表

国贸地区
以日坛中学为代表

图4-2　组建五大板块分别由五所龙头学校带动发展、五个板块之间协同驱动

（3）召开北京市劳动教育现场会展示交流。2020年11月区教研员组织了"北京市义务教育阶段劳动教育研讨会"，来自朝阳区10余所初中小学的38位教师突出展示了在五育融合的课程内容一体化和小学初中一体化及评价一体化方面的成果。2021年4月区教研员组织了"高中劳动教育研讨会"，介绍了资源一体化和课程实施一体化中王选班、陶行知班、国际留学生班开展劳动教育的经验。北京市教科院基教研中心贾美华主任亲临现场，大会成功举办，得到了教育部基础教育教学指导委员会劳动教育专业委员会秘书长刘坚和市教育学会劳动教育专业委员会孟献军主任的肯定。

三、总结阶段（2022年9月至12月）

我们在实施过程中不断采用经验总结法总结经验，挖掘并进行特色劳动教育资源的建设，包括图片资源、视频资源、课件教案资源、基地资源。共形成微课程资源50余个，被收录到区网上同步到课程资源库中，形成劳动课程实践手册10本和优秀教学设计20余篇、公开课示范课20余节，形成了多种形式的一体化课程资源。我们积极将成果分发给专家和兄弟学校，并在贵州省国培计划、上海市师资培训上、高等教育出版社组织的劳动教育培训中多次做主题发言、示范课等来推广成果。2022年4

月，教育部颁布《义务教育劳动课程标准（2022年版）》，研究团队继续认真学习，不断实践。

第三节 区域劳动教育一体化的经验与成果

2020年5月，我们初步形成了朝阳区中小学劳动课程一体化育人成果并在区内10余所学校实施了三年多。成果包括六个"一体化"，即课程理念一体化（不能仅关注技能，还要关注观念、精神、习惯的一体化培养）、课程资源一体化（从全区城乡发展不平衡中实现协同共享多种劳动教育资源）、课程结构一体化（按劳动场域的不同形成课堂必修、校内活动、家庭合作、校外体验四类课程，突出"家、校、社会"三位一体）、课程内容一体化（实施了大量五育融合的劳动实践项目、在多学科渗透劳动）、学段实施一体化（探索了在陶行知班、王选班、国际留学生班进行小初高一体化课程设计）、课程评价一体化（促进并规范了学生过程性与终结性评价一体化），最终实现新时代背景下均衡、富有特色、高质量的区域整体劳动课程，促进实现学生德智体美劳全面发展。

一、劳动课程理念一体化——不能仅关注技能，还要关注观念、精神、习惯的一体化培养

以往的劳动技术课受社会经济发展的影响，劳动课程的"工具取向"非常明显，要么过分关注操作技能、要么过分关注思想改造。新时代劳动课程由"工具取向"变为"素养取向"，劳动课程更加关注育人，除了让学生掌握一定的劳动技能外，更重要的是让学生有正确的劳动观念、形成

良好的劳动习惯和品质、培养他们的劳动精神。劳动教师把技能、观念、精神、习惯的一体化培养落实在每一节课中，落实在每一节教学设计中。看一节课到底是劳动技术课还是劳动课关键看是否在课程理念上实现了一体化。

二、劳动课程资源一体化——从全区城乡发展不平衡中实现协同共享多种劳动教育资源

朝阳区地处北京市东部的城乡接合地区，区域差异较大，社会经济发展不均衡，使得各街乡有着独特的劳动教育资源，相应地区学校的劳动教育资源范围较窄。通过全区协同发展、互相借鉴、资源共享，把特色各异发展不平衡的劣势变为资源丰富的优势，使得朝阳区拥有了城市和乡村双元、金融和奥运特色、传统与高科技互融的丰富而系统的一体化劳动教育资源。

表4-1 从全区城乡发展不平衡中实现协同共享多种劳动教育资源

序号	资源名称	劳动类型	提供街乡	提供的学校
1	奥运、铁路志愿者	中学服务性劳动	建国门街道	日坛中学
2	3D打印、激光切割	中学工业生产劳动	望京街道	八十中学
3	菊花扦插、校园种植	中学农业生产劳动	崔各庄乡	八十中嘉源分校
4	清洗鞋袜我能行	小学日常生活劳动	酒仙桥街道	北师大三帆朝阳
5	陶艺、景泰蓝	中学传统工艺劳动	高碑店乡	十七中学

三、劳动课程结构一体化——按场域形成四类课程结构，突出"家、校、社会"三位一体

根据场域不同，整合形成独立劳动课程的课堂必修课、校内活动课、家庭合作课和校外体验课四类课程一体化结构设计，构建了体现"家、校、社会"三位一体的劳动课程结构。

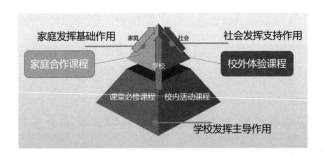

图 4-3 "家、校、社会"三位一体的四类学校劳动课程结构

（一）"课堂必修课程"独立开设、稳步推进

独立必修劳动课程由原劳动技术课华丽转身而来，每周 1 课时各校必须开设，在课堂上完成，是落实劳动教育的最基本保障。各校发挥所在街乡特点，如日坛中学开设了"木工""金工"等课程，位于望京的八十中学开设了"3D 打印""智能单片机"等新技术课程，九十四中学新城分校邀请非遗传承人来校开展非遗烙画、木版年画、北京传统沙燕风筝制作、中国结艺等传统工艺的教学，让学生感受传统手工劳动。

（二）"校内活动课程"逐步规范、有劳有教

课外校内劳动课程由原来的校园菜园、责任绿地、值周值日、维修社团等转变而来。该课程突出强调先讲后做，避免机械式、站岗式的劳动，在朝阳区许多学校形成了校本实践手册和传帮带阶梯式培养，逐步规范。如九十四中新城分校成立了"爱心志愿者社团""模型社""种植社"，小学部开设了"萌芽水培生物社团"，八十中学的"爱迪生发明社"、东方德才学校的"激光切割社团"等多个劳动教育相关社团。

（三）"家庭合作课程"在疫情背景下越发成熟

我国经济飞速发展，家庭条件不断改善。但是部分家长认为学生只需保证学习成绩即可、无须承担家庭劳动等错误观念突出。疫情期间，学生

居家学习时间增加，与父母等长辈矛盾摩擦增多。科学合理地进行家庭劳动成了每个学校必须要面对的新课题。我们通过指导学生在家庭进行力所能及的地面桌椅清洁、衣柜鞋柜整理、衣服缝补熨烫、家常菜烹饪、科学饲养宠物等，切实避免机械、无效训练，杜绝布置惩罚性劳动实践作业。学生改变了劳动观念、提高了劳动能力、融洽了家庭关系、提升了家庭责任感。家长看到孩子的成长也理解并更加配合学校的劳动教育，积极指导孩子家庭劳动教育，形成了良性循环。

（四）"校外体验课程"重在培养社会责任感，进行职业体验

学校积极组织学生到社区或街道，开展如擦拭公交站牌、清理小区垃圾等志愿服务校外体验活动，学生们用自己稚嫩的双手维护了周边的环境，为社会尽自己的一份力量。也有学校积极利用街乡资源，组织学生到博物馆做讲解员、到农场做采摘员、到红绿灯路口做引导员、到养老院做护理助理等进行职业体验活动，拓宽了学生的视野，让学生了解各行各业的劳动情况，初步形成职业理想。

四、劳动课程内容一体化——实施了五育融合的劳动项目并在多学科一体渗透劳动教育

（一）在劳动课中的学生实践项目设计上突出"五育融合"

让学生在真实的劳动情境中，在劳动实践项目中融合德智体美劳五育。这些劳动实践项目除了可以让学生动动手、出出汗、出出力，更加深化了学生对科学、工程、艺术等的理解，还能手脑并用，探索了"五育融合"的新路径。

表 4-2　突出"五育融合"的学生劳动实践项目

序号	五育融合点	劳动项目名称
1	劳与"德"融合	王选班班徽为主题的运动会木制班牌制作
2	劳与"智"融合	木制雨燕鸟舍制作、游标卡尺木作
3	劳与"体"融合	心率检测体能数据装置
4	劳与"美"融合	太阳能节能灯制作

（二）在多学科的教学中也进行协同渗透

劳动教育不仅仅要在劳动课中进行，在其他学科的教学中也应渗透马克思主义劳动观、纳入歌颂劳模的选材、纳入阐释勤劳节俭的劳动传统精神。如陈经纶中学嘉铭分校等在小学的数学、科学、道法、美术等教学中用案例或项目渗透劳动精神、劳动观念、劳动习惯与品质的学习。如北京中学二分校还将劳动教育与生物、物理、化学融合开发课程"从种子到美食"，从种到收、观、储、洗、做、品等环节帮助学生体验不同时期的劳作，丰富劳动体验。

五、学段实施一体化——在陶行知班、王选班、留学生班等进行小初高一体化实践

（一）王选实验班

王选院士曾被评为全国劳动模范，是汉字激光照排创始人。2012 年，八十中在全国首创了以王选名字命名的"王选创新实验班"，目的是让学生学习继承王选精神、增强劳动观念和劳动精神的学习、通过劳动发展技术素养、探索通过劳动教育培养未来创新型人才。

从初一开始到高二通过五年整体系统设计劳动课程体系进行初高中贯

通培养，构建并实施了覆盖"基础必修＋拓展选修＋研究竞赛＋社会体验"的"四位一体"的课程结构，如图4-4所示，它的特点是纵向延伸、横向交叉，使多层次、可选择性强、个性化的、不同学习兴趣和不同创新能力层次的学生都能找到适合自己发展的劳动课程。

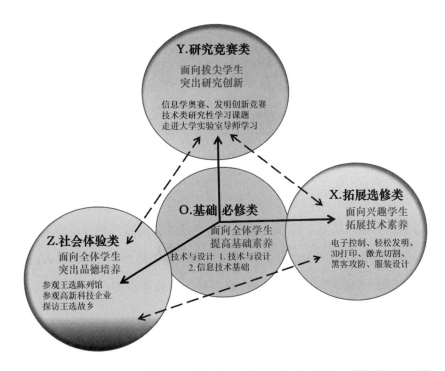

图 4-4　"基础必修＋拓展选修＋研究竞赛＋社会体验"的"四位一体"的课程结构

劳动 五年课程体系模块汇总表

	基础必修类	拓展选修类	研究竞赛类	社会体验类
高二年级	《技术与设计2》	《Arduino单片机应用》	《发明创新大赛》	参观北大计算机研究所
	《信息系统与社会》	《3D设计与打印》	爱迪生社	未来工程师计划
		《服装设计与制作》	《服装设计制作大赛》	参观北京建筑设计院
高一年级	《技术与设计1》	《电子控制技术中级》	通用技术研究性学习	到社区宣传劳模精神
	《数据与计算》	《DV影视创作》	3D打印社团	发明创新月活动
		《轻松发明》	《电子技术大赛》	社区公益劳动
初三年级	《农业生产劳动》	《家庭烘焙基础》	《发明创新大赛》	劳模进校园
	《简单家电维修保养》	《激光切割技术》	家电维修社团	未来工程师计划
初二年级	《新技术体验与应用》	《金属材料加工》	发明创新大赛辅导	志愿服务劳动
	《智能控制与设计》	《3D设计与打印》	电子技术大赛辅导	教具制作展示活动
初一年级	《传统工艺劳动》	《静态模型制作》	机床社团	北京市科学建议奖活动
	《工业生产劳动》	《传统木作基础》	动手做大赛辅导	参观北京现代公司

图 4-5　初一到高二整体设计五年的劳动课程模块

在初中阶段，我们通过传统文化的劳动课程突出劳动观念的形成和劳动习惯的养成。在高中阶段，我们发挥望京地区高新科技企业聚集的优势劳动教育资源，突出劳动能力和劳动创新精神的培养，开设了《3D打印》《激光切割》《黑客攻防》《电路仿真基础》等校本课程，让学生们了解前沿科技，拓宽了学生视野，提高了他们的创新思维。

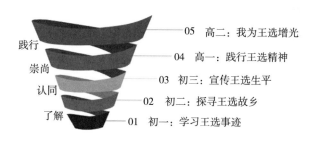

践行 —— 05　高二：我为王选增光

崇尚 —— 04　高一：践行王选精神

认同 —— 03　初三：宣传王选生平

了解 —— 02　初二：探寻王选故乡

—— 01　初一：学习王选事迹

图 4-6　五年整体设计的王选德育活动

课程体系中除了系统性的特点外，还特别关注学生劳动观念、劳动精神的培养，将王选精神作为技术课程立德树人的灵魂和主线，形成系列技术课程德育活动机制。初一时，邀请陈堃銶教授进校通过讲座等形式让学生学习王选院士生平和事迹；初二时通过集体外出等形式参观王选事迹陈列馆或探寻王选故乡，进一步增加对以王选院士为代表的劳动模范的感性认识，端正学生劳动观念；初三时通过演讲和课本剧等形式进社区、辐射周边学校等形式宣传王选院士生平，内化学生对以王选精神为代表的劳动精神的认同、养成劳动习惯。高一时，面对高中课业压力增加，鼓励学生努力践行王选精神，克服各种困难，确保学习科研两不误。高二时，鼓励学生为低年级王选班的学生做好榜样，从学业上和品德上传帮带，参加各类技术竞赛、发展劳动能力，结出硕果累累，为王选实验班增光。最终形成了以"学习王选精神、做创新型人才"为主轴的、在五个年级分层次一体化设计的"学习王选事迹""探寻王选故乡""宣传王选生平""践行王选精神""我为王选增光"系列德育主题活动，让初入青春期的孩子们学习劳动精神、端正劳动观念、培养劳动创新能力。

（二）陶行知班

朝阳区的第十七中教育集团创办了"陶行知教育思想实验班"，作为践行陶行知"劳动即生活""教学做合一"劳动教育思想的载体，进行小学、初中、高中一体化办学。在陶行知思想的引领下，实施"教学做合一"，提出"行是知之始，知是行之成"。以劳动生活教育为核心的"自理、自立、自强"行知系列课程，形成以年级阶梯递增的纵向劳动素养发展的课程体系，取得了较好的效果。

表 4-3　陶行知实验班以年级阶梯递增的纵向劳动素养发展的课程体系

学段	阶段目标	阶段劳动课程	阶段侧重
小学"行知自理"	劳动启蒙阶段 重在感性认识、意识培养、自我劳动	《清洁与保养》《收纳与整理》《传统文化》	注重养成学生良好的个人清洁卫生习惯，形成自己的事情自己做的劳动习惯
初中"行知自立"	劳动塑造阶段 重在观念渗透、行为塑造、服务学校	《烹饪与营养》《家电维修》《志愿服务》	注重养成学生一定自我生存能力，能主动为社区和学校提供志愿服务
高中"行知自强"	劳动巩固阶段 重在观念内化、习惯巩固、服务社会	《工业生产劳动》《农业生产劳动》《科技发明》《现代服务业》	注重让学生体验我国现代工业科技和农业科技，通过劳动发展学生的创新能力

活动课程方面，每年度的"走行知之路"活动都分学段组织学生跟随陶行知先生足迹，学习陶行知先生教育理念，对学生进行爱国主义教育、走进自然、走进生活，巩固和丰富学生课堂知识，增强学生对劳动与生活的理解和认同。

（三）国际部留学生班

八十中学国际部现有来自全球 20 多个国家和地区的 100 余名初高中外国留学生就读。在留学生的课程设置中，我们率先通过小初高贯通的劳动课程让外国留学生了解中国传统文化、读懂中国故事，接受劳动集体主义熏陶。比如太极拳、年级志愿服务劳动等。

在"认识中国、热爱中国、宣传中国"系列课程中突出劳动教育。小学劳动突出"认识中国"，以认识中国汉字为核心，通过编织中国结、种蚕抽丝、锯割孔明锁、包饺子等了解中国古人生活中的智慧，了解传统文化；初中劳动突出"热爱中国"，以认识中国历史为核心，通过体验景泰蓝制作、蒲扇制作、风筝制作等认识中国古人的勤劳勇敢，读懂中国。高中劳动课程突出"宣传中国",以认识现代中国科技为核心,通过 3D 打印、激光切割、AI 人工智能等项目认识现代中国的科技发展。

六、劳动课程评价一体化——促进并规范了过程性与终结性评价一体化

2019 年,朝阳区在北京市率先开展初中操作类终结性评价并与记录过程性评价综合一体作为学生劳动教育的评价依据,正式纳入初二学生学业水平考试内容。其中日常项目完成的过程性评价占 40%,操作类终结性评价占 60%。

(一)操作类终结性评价方式

这种方式比纸笔评价更能体现劳动课程的特点,也纠正了中学劳动课程无评价或随意评价的历史遗留问题。2019 年起在全区铺开,有计划、有流程、可追溯地进行学生劳动操作测试。学生现场从 9 个劳动操作项目中抽取一个,在 50 分钟内完成绘制技术图样和物化劳动成果操作,不仅仅通过图纸和实物作品考查学生的劳动能力,还在操作过程中,考查劳动观念、学生的劳动习惯、劳动精神。

(二)记录过程性评价方式

由于劳动教育的特殊性,学生在劳动中的行为表现也能反映其劳动观念、劳动能力、劳动精神和劳动习惯和品质。在小学阶段开发了纸质版劳动学习过程性手册,让学生手写记录劳动过程、反思劳动行为、感悟劳动精神。在初高中设计线上劳动过程性记录平台,除了通过文字记录外还通过照片视频等丰富的形式来记录,便于老师在线上评价。

"校园小菜园" 主题劳动-记录及评价表						
序号	日期 时间段	劳动项目	劳动地点	劳动内容简介	自评	师评
1	2020.2.25 12：30-13：00	给土地浇水	学校小菜园	初春，给菜园里的土地浇水		
2	2020.2.28 12：30-13：00	松土 施肥	学校小菜园	土地湿润，用铁锹将土地犁耕松软，并整理出单元田		
3	2020.3.1 12：30-13：00	播种	学校小菜园	依据设计在单元田中播种		
4	2020.3.5 12：30-13：00	浇水	学校小菜园	给播下的种子浇水		
5						
6						

图 4-7 北师大三帆中学朝阳学校设计的劳动过程性记录手册

第四节 区域劳动教育一体化的效果与影响

区域劳动教育一体化成果在朝阳区 10 余所中学进行探索，应用范围 5000 余名学生。经过课程实践前后的对比分析，可见学生的劳动素养明显提升，劳动教师的专业化发展走上正轨，得到了专家的认可，取得了较好的效果，2022 年被朝阳区教委评为朝阳区教育教学成果提名奖（二等奖）。

一、学生劳动素养普遍提升

课程成果实践多年来，学生们的劳动观念有所改善，学生们越来越喜欢劳动了，不再认为劳动是又脏又累的活儿；学生们的劳动能力有所提高，通过课堂学习、家庭学习和社会学习，同学们掌握了基本的木工、金工、电子、烹饪、缝衣、维修等劳动能力；学生的劳动精神愈加积极，懂得勤俭节约、敬业奉献、精益求精；学生们养成了安全劳动、规范劳动、有始有终劳动的习惯和坚毅的劳动品质。

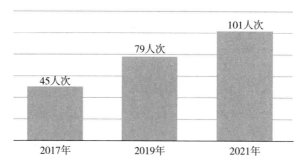

图 4-8 相关学校获得劳动类竞赛区级一等奖以上学生人次显著增加

二、劳动教师专业化水平明显提升

（一）形成全区劳动研究课示范课 20 余节，体现了示范性

表 4-4 区内教师按新课标 10 个任务群形成各模块示范课 20 节

任务群	序号	模块	教师姓名	所在单位	课题名称
清洁与卫生	1	清洁	沈霞	三帆朝阳	清洗鞋袜我能行
收纳与整理	2	收纳	林彦杰	日坛中学	工具收纳装置的设计与制作
烹饪与营养	3	烹饪	张戈	西藏中学	比萨的制作
维修家电	4	维修电器	于冬华	清华朝阳	电风扇的清理维护
农业生产劳动	5	种植	潘晓静	黄冈朝阳	菊花的扦插
	6	养殖	刘晓岩	朝阳教研	孔雀鱼的养殖
传统工艺劳动	7	陶艺	朱重浪	北中明德	陶艺创作——用静物造型表达亲情
	8	纸艺	吴丽君	黄冈朝阳	雕刻剪纸
	9	布艺	冯焱楠	八十嘉源	艾草香囊的制作
	10	景泰蓝	杜红禹	景山朝阳	掐丝珐琅的制作
新技术体验	11	3D	刘永红	八十中学	桌面小书架的造型设计
	12	机器人	范圆圆	和平街一中	感应机器人
	13	激光切割	杨磊	东方德才	创意笔筒设计制作

任务群	序号	模块	教师姓名	所在单位	课题名称
工业生产劳动	14	木工	何斌	八十中学	直榫木盒的连接
	15	金工	张敏	九十四中新城	金属丝创意制作
	16	电子	阮祥兵	八十中学	单片机应用
	17	服装	黄凯	八十中学	服装的改造
公益劳动与志愿服务	18	公益劳动	林彦杰	日坛中学	校园废旧塑料瓶的回收与再利用
	19	志愿服务	林彦杰	日坛中学	我当京张高铁志愿者
现代服务业劳动	20	现代服务	罗培龙	日坛中学	无人机配送

图 4-9　劳动教育研究课《直榫木盒的连接方式》

（二）教师参与编写劳动教材、撰写论文发表或获奖 10 余篇，体现了研究性

表 4-5　教师参与编写劳动教材、撰写论文发表或获奖情况

序号	姓名	论文或教材名	获奖或发表情况
1	何斌	主编普通高中通用技术选择性必修教材《职业技术基础》	2020 年通过国家教材委员会审定，由地质出版社出版
2	何斌	著《发展高中生通用技术学科核心素养的思考与实践》	2021 年由地质出版社出版

序号	姓名	论文或教材名	获奖或发表情况
3	刘晓岩	参与编写普通高中通用技术选择性必修教材《科技人文融合创新》	2020年通过国家教材委员会审定，由地质出版社出版
4	刘晓岩	参与编写高一《劳动》教材（全一册）	2020年通过国家教材委员会审定，由人民出版社出版
5	林彦杰	参与编写《劳动教育》九年级上册	2021年由北京理工大学出版社出版
6	沈霞	《劳动实践指导手册》七、八年级两册中6个单元	2020年由北京师范大学出版社出版
7	沈霞	《加强劳动教育课程建设　提升学生劳动素养》	北京市基础教育科学研究优秀论文一等奖
8	沈霞	《探究九年一贯制学校中小学劳动教育课程一体化设计》	北京市首届"基本功与智慧"教育教学成果论文一等奖
9	沈霞	《中小学生劳动教育中美育的培养策略与实践探究》	北京市第十三届京美杯征文的二等奖
10	林彦杰	《创新劳动教育途径　云端助力学生成长》	《北京教育》普教版2020年增刊
11	林彦杰	《立德树人担使命　劳动实践守初心》	《培训人》朝阳区教师发展学院院刊
12	林彦杰	《聚焦学生核心素养　探索劳动教育新途径》	北京市基础教育科学研究优秀论文一等奖
13	张敏	《项目学习在初中劳动技术课堂的实践研究与问题分析》	北京市基础教育科学研究优秀论文一等奖

（三）教师的课程资源开发水平迅速提高，体现了专业性

以实践手册为例，与当前出版的劳动课程教材编写方式不同，朝阳区教师开发了更接地气、更具有可操作性的劳动课程实践手册。其特点是按任务群编写，而不是在每个学期的教学中穿插多个任务群，避免了学生学哪个劳动任务都学不深、学不透的问题，也避免了区域教研混乱的问题，得到了一线老师和区域教研员的欢迎。此外，教师们开发劳动课程资源30余个，研制了劳动课程的评价指标体系和评价量表。

三、成果的主要影响和推广情况

（一）主办北京市劳动教育现场会

2020年11月25日，区教研员刘晓岩组织了"劳动是最好的教育——北京市义务教育阶段劳动教育研讨会"，来自朝阳区10余所中小学的37位教师展示了在学科课程中进行劳动教育的特色做法。2021年4月22日，区教研员刘晓岩组织了"劳动是最好的教育——北京市高中阶段劳动教育研讨会"，北京市基教研中心贾美华主任和朝阳教委领导莅临指导，研讨会介绍了陈经纶中学和八十中学在高中阶段开展劳动教育的经验，展示了高中阶段劳动教育8节示范课，得到了教育部基础教育教学指导委员会劳动教育专委会秘书长刘坚和北京市教育学会劳动教育专业委员会主任孟献军的肯定。

（二）得到专家学者的肯定

2022年3月30日，教育部劳动课标组组长顾建军教授高度肯定朝阳劳动教育开展情况并做讲座进一步指导北京市劳动教育工作，《现代教育报》进行了报道。教育部基础教育教学指导委员会劳动教育专委会秘书长刘坚和北京市教育学会劳动教育专业委员会主任孟献军高度肯定了朝阳劳动课程成果。

（三）区域劳动课程一体化成果被推广

区域劳动课程一体化成果被北京电视台科教频道和《中国中学生时事报》报道。何斌老师关于劳动教育的讲座被纳入朝阳区"十四五"课程资源库，何斌老师到海南省和贵州省国培计划主讲《新时代劳动教育课程体系》，沈霞老师、林彦杰老师等到上海师资培训中心进行了《劳动创造美好生活》《新时代劳动教育评价设计》《劳动教育的实施途径》等报告，受到了一致好评，推广了本成果。

第五章

中小学校劳动教育的实施策略

新时代劳动教育的关键在于落实。如何在学校层面进行整体课程设计、如何在劳动课堂突出核心素养进行教学、如何在劳动实践中突出学生思维发展进行教学、如何开发运用活动项目来组织教学等，都成为摆在一线中小学教学管理人员和劳动教师面前的难题。本章将抛砖引玉，介绍一些劳动课程的学校组织策略、教学设计策略和教学实施策略。

第一节　中小学校实施劳动教育的组织策略

2022年4月，教育部颁布了义务教育阶段《劳动课程标准》，劳动课终于有了自己的国家顶层设计，基层学校也有了劳动教育实施的基本规范。但是，具体执行起来还需要学校层面科学制定组织策略，包括组织管理策略、组织支持策略和组织安全策略。

一、学校的组织管理策略

（一）学校宏观的组织管理

劳动教育不仅仅是劳动课，劳动教育也不是学校劳动老师一个人的事情，需要学校凝聚校内各方面力量形成合力。中共中央、国务院颁布的《关于新时代全面加强大中小学劳动教育的意见》中指出，学校要建立健全劳动教育组织实施的工作机制。学校要明确主管校领导，设置机构或明确相关部门负责劳动教育的规划设计、组织协调、资源整合、师资培训、过程管理、总结评价等。这就要求我们学校建立劳动教育的组织管理机构。该机构包括由一名副校长（一般为德育副校长）作为学校劳动教育的校级主管领导。由于劳动教育涉及的面较广，应由劳动课程教研组组长（落实课程教学）、教学处主任（落实课程研究、教学评比等）、教务处主任（负责劳动教师考核和学生测试评价）、教育处主任（组织校外劳动、家校合作）、校团委书记（引进校内劳模讲堂等）组成学校劳动教育管理机构。该机构负责劳动教育的规划设计、组织协调、资源整合、师资培训、过程管理、总结评价、形成特色等。该机构可每学期召开一次会议，对劳动教育进行整体设计、系统规划，形成劳动教育总体实施方案。方案要明确劳动教育目标内容、课时安排、主要劳动实践活动安排、劳动教育过程组织与指导及考核评价办法等。同时要基于学生的年段特征、阶段性教育要求，研究制订"学校学年（或学期）劳动教育计划"，对学年、学期劳动教育实践活动做出具体安排，特别是规划好劳动周等集中劳动，细化有关要求。使总体实施方案和学年（或学期）活动计划相互配套、衔接，形成可持续开展的劳动教育实施方案。该机构应制订每学期的劳动教育实施计划、总结反思改进劳动教育开展情况，汇总本学期劳动教育过程性资料、布置下一学期劳动教育相关工作、接受市区级督导检查。

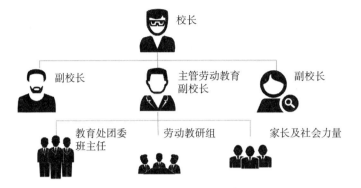

图5-1　学校劳动教育组织管理机构

（二）学校其他相关机构的管理

劳动教育还包括课外活动、家庭劳动、公益劳动和社会服务。因此，除了劳动课的教师外，学校还要充分发挥教职员工特别是班主任、辅导员、各学科导师的作用，利用家长委员会、少先队、共青团、党组织以及各类学生社团等方面的力量，合力开展劳动教育实践活动。

（三）学校任课教师的管理

劳动教育包括每周1节的劳动课，这就需要学校建立专兼职相结合的劳动教育教师队伍。根据学校劳动教育需要，明确劳动教育责任人，进行劳动教育规划、组织实施、评价等，配齐劳动教育必修课教师，保持教师队伍的相对稳定性。

劳动教育不仅仅是劳动课教师一个人的事情，劳动在五育并举中具有基础性地位，应以劳树德、以劳增智、以劳强体、以劳育美、以劳创新。同时，要探索在多个学科的教学中，如语文、道法等课程中渗透马克思主义劳动观、纳入歌颂劳模的选材、纳入阐释勤劳节俭的劳动传统精神，形成全课程整体合力，这也是大劳动观的体现。特别是在疫情背景下，学生居家线上学习时间增加，家庭劳动及学科实践机会增多，在劳动中会涉及多学科知识和技能，例如，清洁卫生与化学、家电使用维护与物理、给父亲节的礼物与心理、生发绿豆芽与生物、端午节五彩线中的传统文化等。

二、学校的组织支持策略

（一）校内开展劳动教育需要软件和硬件的支持

软件方面的支持重点是承担每周 1 节劳动课的劳动师资的招聘、培养工作。根据相关文件，学校要明确劳动课教师管理要求，保障劳动课教师在绩效考核、职称评聘、评先评优、专业发展等方面与其他专任教师享受同等待遇。如果人员难以满足教学需求，要积极与职业院校或普通高等学校建立师资交流共享机制，发挥职业院校教师的专业优势，承担普通学校劳动教育教学任务。还可以建立劳动课教师特聘制度，为学校聘请具有实践经验的社会专业技术人员、劳动模范等担任兼职教师创造条件。各中小学校劳动课教师要积极参与市区教研机构的专题教研、区域教研、网络教研，通过协同创新、校际联动、区域推进，提高劳动教育整体实施水平。

硬件方面的支持重点是配备劳动教育实验室。在相关文件中指出，要采取多种形式筹措资金，加快建设校内劳动教育场所，建立学校劳动教育器材、耗材补充机制。学校可按照规定统筹安排公用经费等资金开展劳动教育，可采取政府购买服务方式，吸引社会力量提供劳动教育服务。

（二）校外开展劳动教育需要家庭和社会的支持

劳动教育不仅仅是学校一家的事情，家庭要发挥基础性作用、社会要发挥支持性作用，三方力量要拧成一股绳，才能发挥劳动教育的最佳作用。中小学要推动建立以学校为主导、家庭为基础、社区为依托的协同实施机制，形成共育合力。

学校除了承担独立开设的劳动必修课和校内课外劳动课外，还积极通过家校委员会提高家长对劳动的认识、纠正部分家长对劳动教育的错误观念，通过家长会、家长学校、社区宣讲、网络媒体等途径，引导家长树立正确的劳动观；明确家长的劳动教育责任，让家长主动指导和督促孩子完成家庭、社区劳动任务；促进家庭配合学校开展家庭劳动教育活动。家庭要发挥在劳动教育中的基础作用。注重抓住衣食住行等日常生活中的劳动实践机会，鼓励孩子自觉参与、自己动手，随时随地、坚持不懈地进行劳动，掌握洗衣做饭等必要的家务劳动技能，每年有针对性地学会 1—2 项生活技能。鼓励学校（家委会）和社区等组织开展学生生活技能展示活动。学生参加家务劳动和掌握生活技能的情况要按年度记入学生综合素质档案。鼓励孩子利用节假日参加各种社会劳动。家庭要树立崇尚劳动的良好家风，家长要通过日常生活的言传身教、潜移默化，让孩子养成从小爱劳动的好习惯。

学校还应积极与社会资源联系，包括社区、博物馆、职业体验公司、敬老院、交通队、非遗传承人等，共同开发校外劳动教育资源，并实施劳动教育课程，培养学生服务社会、服务他人的劳动意识。社会要发挥在劳动教育中的支持作用。充分利用社会各方面资源，为劳动教育提供必要保障。各级政府部门要积极协调和引导企业公司、工厂农场等组织履行社会责任，开放实践场所，支持学校组织学生参加力所能及的生产劳动、参与新型服务性劳动，使学生与普通劳动者一起经历劳动过程。要鼓励高新企业为学生体验现代科技条件下劳动实践新形态、新方式提供支持。工会、共青团、妇联等群团组织以及各类公益基金会、社会福利组织要组织动员相关力量、搭建活动平台，共同支持学生深入城乡社区、福利院和公共场所等参加志愿服务，开展公益劳动，参与社区治理。

三、学校的组织安全策略

学校在劳动教育中要发挥主导作用，积极开展劳动教育。由于劳动教育具有特殊性，学生在劳动过程中面临一定的安全风险，需要学校提前考虑、设计相关预案，确保学生安全。

（一）校内劳动安全风险防范与管理

校内是劳动课程经常性实施的主要场所，中小学校的每个班级都要进行每周至少1次劳动课，这就意味着一个中等体量的中学，一周将有30节劳动课，每周进行劳动课的学生达1200余人次。劳动课程的特点是操作性，面临着切割伤、磕碰伤、烫伤、砸伤等安全风险。学校要把劳动安全教育与管理作为组织实施的必要内容，强化劳动安全意识，建立健全安全教育与管理并重的劳动安全保障体系。

在劳动课内容或劳动周内容的选择上，要依据学生身心发育情况，适度安排劳动强度、时长，切实关注劳动任务及场所设施的适宜性。科学评估劳动实践活动的安全风险，认真排查、清除学生劳动实践中的各种隐患。在场所设施选择、材料选用、工具设备和防护用品使用、活动流程等方面制定安全、科学操作规范，强化劳动过程每个岗位的管理，明确各方责任，防患于未然。要特别关注劳动过程中的卫生隐患，按照疾控、卫生健康部门及行业有关规定，采取相应措施，切实保护学生的身心健康。

（二）校外劳动安全风险防范与管理

劳动教育的内容涉及校外劳动相关基地，如社区、博物馆、职业体验公司、敬老院、农业园。组织学生到校外进行劳动教育的社会面安全风险加大，包括极端天气、群体踩踏、食物中毒、烈性传染病、交通事故等，已经远超劳动课教师一个人或一个劳动教研组所能组织管理的范畴。校外劳动活动必须由校级主管领导带队，由教育处和年级组进行周密安排和细致组织，提前告知学生活动事项，签署安全协议和家长告知书。与校外机构提前沟通，并制订劳动实践活动风险防控预案，完善应急与事故处理机制，并积极购买学生劳动教育相关保险。

第二节　初中劳动课程任务群的主题设计策略

2022年4月，教育部颁布了义务教育阶段《劳动课程标准》，这是新中国成立以来首次颁布劳动课程标准。《劳动课程标准》明确说明劳动课程内容涵盖日常生活劳动、生产劳动和服务性劳动三大板块及九个任务群。如何安排数目众多的任务群并进行科学合理的设计成为摆在一线教师面前的难题。通过科学设计"茶""花""书""灯"四大单元主题，串联任务群尝试进行劳动课程设计。既让学生在一个学期的学习中体验了《劳动课程标准》规定的绝大多数任务群，又能通过主题将其联系起来，使得教学内容不跳跃、不游离、不散乱。为一线教师即将开始的劳动课程安排提供了一个较好的思路。

一、《劳动课程标准》的出台规范了新时代劳动课程

2022年4月，教育部颁布了义务教育阶段《劳动课程标准》，这是新中国成立以来首次颁布劳动课程标准。义务教育课程方案把劳动技术课从综合实践中独立出来，成为中小学生的必修课程。原来的劳动技术课华丽变身为劳动课，除了劳动能力外，新时代更加关注学生劳动观念、劳动精神、劳动习惯和品质的培养。《劳动课程标准》明确说明劳动课程内容涵

盖日常生活劳动、生产劳动和服务性劳动三大板块，在7—9年级设有整理与收纳、烹饪与营养、家用电器使用与维护、农业生产劳动、工业生产劳动、传统工艺制作、新技术体验与应用、现代服务业劳动、公益劳动与志愿服务九个任务群。课标进一步规范了义务教育阶段劳动课程的教学内容。课程对于提高学生自理能力、直接经历物质财富的创造过程、提高学生服务他人服务社会，成为合格的社会主义建设者和接班人有重大意义。

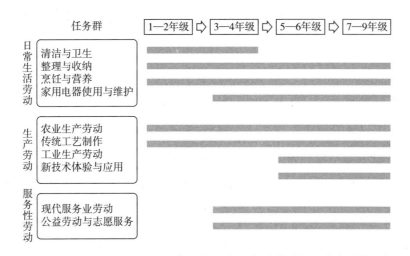

图5-2 教育部义务教育阶段《劳动课程标准》中劳动课程内容结构示意

二、劳动课程任务群编排的困惑

劳动课程一般以"劳动实践项目"为主要载体，《劳动课程标准》要求项目安排依据三大类劳动教育内容及十个任务群在各学段的分布设计，体现"整体规划、纵向推进、因地制宜、各有侧重"的原则，依据学段任务群所体现的课程内容要求，选择和确定所需实施的任务群，整体安排每个学段的项目，体现项目在不同学段的纵向衔接与递进关系①。课程标准按

---

① 中华人民共和国教育部.义务教育劳动课程标准（2022版）［M］.北京：北京师范大学出版社，2022.

学生年级把教学内容分成四个学段：即第一学段（1—2年级）、第二学段（3—4年级）、第三学段（5—6年级）和第四学段（7—9年级）。分各个学段介绍了各任务群的内容要求和素养表现及活动建议。

如何安排数目众多的任务群并进行科学合理的设计呢？从维度上看，有纵向安排（一个学期囊括多个任务群）和横向安排（每个学期安排一个或两个任务群）两种整体课程设计，举例对比如图5-3所示。

劳动内容	任务群	七年级上
日常生活劳动	整理与收纳	教室图书角的整理与美化
	烹饪与营养	西红柿的营养与搭配
	电器使用维护	吹风机的维护
生产劳动	农业生产劳动	无土栽培芽苗菜
	传统工艺劳动	布艺环保袋
	工业生产劳动	多功能笔筒
	新技术应用	3D打印体验
服务性劳动	现代服务业	学校食堂餐饮服务
	公益劳动与志愿服务	社区疫情防控宣传

劳动内容	任务群	年级安排
日常生活劳动	整理与收纳	七年级上
	烹饪与营养	七年级上
	电器使用维护	七年级下
生产劳动	农业生产劳动	八年级上
	传统工艺劳动	八年级上
	工业生产劳动	八年级下
	新技术应用	九年级上
服务性劳动	现代服务业	九年级上
	公益劳动与志愿服务	九年级下

图5-3　纵向安排和横向安排两种整体课程设计

两种安排各有优点和缺点，如表5-1所示。

表5-1　纵向安排和横向安排的优点和缺点对比

	安排特点	优点	缺点
纵向安排	在每个学期中几乎涉及全部9个任务群	学生在一个学期内能体验几乎全部9个任务群，丰富多彩	学生刚学完了一个任务群的内容，还没有学深学透又更换为另一个任务群。任务群过多且没有关联和条理。涉及多个任务群需要教师不断变换准备实验室和器材耗材，一线教师操作起来有困难
横向安排	每个学期主讲1—2个任务群，在初中三年把九个任务群都覆盖	学生能在一个学期内集中精力对一个任务群学深学透。教师准备实验室和器材耗材相对容易	任务群类型显得单一，一旦学生不喜欢这个任务群，会导致一个学期学习效果较差

如何能融合两种课程安排的优点，既让学生在一个学期体验多种任务群又能使之形成彼此相关的系统性设计，尽可能地减少安排的缺陷呢？笔者通过科学设计单元主题，串联各任务群，尝试进行劳动课程设计。

三、科学设计"主题"串联任务群

我们以学生生活中常见的"茶""花""书""灯"为四大主题，形成有意义连贯的劳动任务群设计，使得初中学生在一个学期的劳动主题学习中自然地体验八个甚至九个劳动课程任务群，形成了"生活—生产—服务"一条龙的劳动学习和实践，真正感受劳动创造价值、劳动服务社会服务人，整体设计如图5-4所示。

大类	任务群	七年级 上 "茶"	七年级 下 "花"	八年级 上 "书"	八年级 下 "灯"
日常生活劳动	整理与收纳	茶具整理收纳1	花草整理2	图书的收纳1	灯具的清理1
	烹饪与营养	绿茶蛋糕烘焙2	炒素菜1		电烙铁维护1
	电器使用维护	茶道电水壶维护1	3D打印机维护1	维护图书馆机器1	
生产劳动	工业生产劳动	木制茶匙3	铁艺做花盆提手2	木制书架4	声控灯1、三路循环灯1
	农业生产劳动	茶树种植与制作绿茶3	盆栽花2	造纸术体验1	制作无土栽培补光2
	传统工艺劳动	景泰蓝掐丝茶杯垫1	陶艺花盆2	篆刻印章3	木制宫灯4
	新技术应用	激光切割制作茶叶罐3	3D设计打印花盆3	液晶显示技术2	单片机控制灯2
服务性劳动	现代服务业	老字号茶产业的新发展1	体验网上义卖盆栽1	网上购书1	智能家居1
	公益劳动与志愿服务	到茶叶博物馆讲解、赠送给敬老院	调查维护社区绿地植被	学校图书分类志愿服务	社区夜晚灯光照明调查

图5-4 "茶""花""书""灯"四大主题（数字表示该项目的估算课时数）

（一）"茶"主题——在七年级上开设

茶文化是中国重要的传统文化之一。中国是茶的故乡，是世界上最早发现中国茶树、利用中国茶叶和栽培中国茶树的国家。学生从小学升入初一应该注意小初衔接，所选主题应该让学生容易上手。在以"茶"为主题的一学期劳动课程中，从介绍茶具的使用开始，认识茶的传统文化并学习整理与收纳茶具的相关知识，第二节课可以在学习泡茶的茶道中认识茶叶的营养价值，在茶道中不可避免地会使用电热水壶，这也是生活中常见的家用电器，顺势在第三节课以此为载体介绍茶具电热水壶使用与维护的知识技能。在工业生产劳动中，初一适合以木工为载体进行教学，所以我们围绕"茶"主题设计了木制茶匙的制作项目，主要目的是让学生了解木材及简单的锯割、锉削和打磨的方法。在农业生产劳动中，我们设计了让学生进行盆栽小茶树的体验活动，学习植物的种植技术，定期喷水养护，或者学习简单的炒茶技艺。在传统工艺劳动中，让学生制作景泰蓝茶杯垫，此项目无须烧制，只需要用镊子通过掐丝把金属丝黏到图案上并把颜料胶水挤入进行"点蓝"，让学生体验"掐丝"的传统工艺。在新技术体验与应用中，可以让学生运用激光雕刻机使用亚克力材质制作四方的茶叶盒。在现代服务业中，可以组织学生到老字号茶产业园参观，了解现代茶叶加工产业，并把自己制作的茶匙、茶叶盒等赠送给敬老院等参与公益志愿服务，让学生感受到自己的劳动成果真的可以帮到他人、服务社会。

	任务 1	任务 2	任务 3	任务 4	任务 5	任务 6
"茶"主题	认识茶、泡茶、品茶	茶具使用与维护	制作木茶匙、激光切割做四方茶叶罐	茶树种植、体验炒茶	用掐丝工艺做茶杯垫	体验现代茶叶加工、赠送敬老院

图 5-5 七年级上以"茶"为主题的劳动课程安排

（二）"花"主题——在七年级下开设

花是学生生活中常见的植物，是美好和希望的象征。在初一第二学期，我设计了以"花"为主题的劳动系列课程，可以覆盖 8 个任务群。首先介绍一些生活中常见的花及其营养价值，在我国的云南就经常以花为食材，指导学生进行烹饪简单花菜，比如茉莉花炒蛋、蒜蓉西兰花等。在农业生产劳动中，可以让学生盆栽北方花期较长的花卉，如矮牵牛花、太阳花、四季海棠等，并在传统工艺劳动中开展陶艺制作指导学生自制花盆。还可以定期组织学生修剪、培土、加营养液，对花草及工具进行整理与收纳。在工业生产劳动中，可以指导学生用铁丝制作一个花盆提篮，让学生掌握金属丝弯折截断等的技巧，学习扣接和绑接等工艺。在新技术体验与应用中，指导学生通过 3D 软件中设计一个可以漏水的花盆或带有缺水提醒的智能花盆，最后用 3D 打印机将其打印制作出来。指导学生在网上义卖盆栽体验现代服务业，或在社区学校跟随绿化工人学习简单的绿地植被的修剪、培土、浇水进行公益劳动。

	任务 1	任务 2	任务 3	任务 4	任务 5	任务 6
"花"主题	烹饪花菜	盆栽花卉	陶艺花盆	铁丝提篮	3D花盆	义卖社区绿化

图 5-6　七年级下以"花"为主题的劳动课程安排

（三）"书"主题——在八年级上开设

书是人类进步的阶梯、是力量的源泉和智慧的翅膀。随着学生年龄的增长，家里的书越来越多。初二年级第一学期，我以"书"为主题进行一学期的劳动课程设计。首先在整理与收纳部分，指导学生去整理家中的图书，不仅仅是自己的书柜，也要整理家长的书柜，在整理书柜前要了解每一本书，才能进行分类摆放，对于有污渍或破损的书籍还要进行擦拭和修补。工业生产劳动中，我们指导学生制作木制书架，学生经过需求分析、草图绘制、尺寸测量后，选择实木板进行锯割打磨，然后通过钉接、胶接或榫接等方式进行连接，可以摆放在家中或教室中。纸是制作图书的原材料，在农业生产劳动中，我们用构树皮和碎纸浆让学生体验造纸术，感受两千年前中国古人的智慧。在传统工艺劳动中，我们让学生学习篆刻工艺，做出自己姓名的印章，可以印在自己造出的纸上或自己的书籍上。在现代社会，人们还会用网购电子书的方式来看书学习，这也是现代服务业的发展方向，学习液晶显示技术的原理可以让学生更好地了解新技术应用。在公益劳动与志愿服务中，可以组织学生到学校图书馆或社区图书馆学习了解图书分类的专业知识，通过书上的索取号帮助其他学生找书或把归还的图书上架理架等服务工作。

"书"主题	任务 1	任务 2	任务 3	任务 4	任务 5	任务 6
"书"主题	整理书柜	制作木质书架	体验造纸术	篆刻名章	网上购书	图书分类与上架服务

图 5-7　八年级上以"书"为主题的劳动课程设计

（四）"灯"主题——在八年级下开设

灯给人类带来了光明、扩大了人类的活动范围，使人类走向了文明，从古至今不断发展的灯具也就成了人类文明的载体。在初二的第二学期，学生在科学课上接触了电学知识，所以我设计了以"灯"为主题的劳动系列课程。工业生产劳动中，我让学生使用电烙铁焊接电子元器件制作"声控灯"，感受传感器在工业生产中的作用，用后让学生进行电烙铁的维护和修理。在农业生产劳动中，我们指导学生设计制作广谱 LED 生长灯为室内水培植物提供光源。在传统工艺劳动中，我们开发了木制宫灯项目，让学生感受中国传统榫卯结构的魅力。在新技术应用任务群中，我们让学生通过单片机来智能控制各种 LED 灯，延伸到智能家居，让学生感受现代服务业，通过安全操作来定期清理家庭中的灯具，掌握整理与收纳的相关技能。最后在公益劳动与志愿服务任务群中，我们组织学生调查社区夜晚灯光照明情况，并把调查结果反馈给社区居委会。

	任务 1	任务 2	任务 3	任务 4	任务 5	任务 6
"灯"主题	制作声控灯	电烙铁的维护与修理	制作水培植物 LED 光带	制作宫灯	智能家居中的灯	调查社区中的照明情况

图 5-8　八年级下以"灯"为主题的劳动课程设计

四、总结

以"茶""花""书""灯"科学设计四大主题，把任务群串联起来，既让学生在一个学期的学习中体验了《劳动课程标准》中规定的绝大多数任务群，又能通过主题将其联系起来，使得教学内容不跳跃、不游离、不散乱。这种设计吸收了纵向课程安排和横向课程安排的各自优点，又避开了它们的缺点。通过科学设计主题，串联劳动课程的任务群，为一线教师即将开始的劳动课程安排提供了一个较好的思路。

第三节　中学劳动课程全方位项目式教学策略

劳动教育课程的载体是劳动教育中的关键问题，学工学农都有较为固定的操作实践"项目"，通用技术是劳动教育在高中阶段的重要课程。在学校的劳动课程中如何开发项目、构架项目、辅助项目、记录项目、保障项目。本文以通用技术课程为例，介绍了全方位项目式教学策略。

一、通用技术课程在一线教学中的问题

2008 年，北京市开始实施通用技术新课程。尽管我们得到了相关培训、得到了基本配置的实验室、得到了国家统编的教材，但是在一线教学

中，课堂教学仍以按部就班、照本宣科、填鸭灌输式为主，甚至出现了黑板上画技术、在教室里看技术的怪象，没有突出技术学科实践特点。教材中的活动项目对本校学生的针对性并不强，有些过于简单，不能满足示范高中学生的学习需求。而花费重金打造的实验室却就此冷落下来，实在可惜。

这些问题的存在不利于培养学生的创新精神、创新能力和实践能力，也不符合学科核心素养，导致了示范高中通用技术课程的教学效益偏低，这明显不符合国家倡导的创新人才培养的需要。此外，课程开设时间过短，课程管理实施仍在摸索阶段，这就需要一线教师在专家的指导下不断钻研，要基于问题破解来进行系统的、科学的课题研究，结合学校的办学特色理念和学生实际情况、学习需求来试图找到答案。就是在这样的背景下，我们在通用技术课中进行全方位项目教学的初探。

二、全方位项目教学策略的具体实践

（一）对项目教学的理解

"项目教学"是学生在教师的指导下亲自处理一个项目的全过程，学生在"做"中学习掌握教学内容，内化了知识与技能，解决在处理项目中遇到的困难，提高了兴趣，调动了积极性。形成了"以项目为载体、教师为引导、学生为主体"的教学策略，改变了以往"教师讲，学生听"的被动的教学模式，创造了学生主动参与、自主协作、探索创新的教学模式。为此，我们牢牢抓住项目教学这一线索，开发一系列适合我校学生的活动项目，并把它们运用到不同层次的课程构架中，用校本教材辅助这些项目融入课程情景中，并让学生在项目学习中记录活动过程，评价自己的学习，用开放式情景式的实验室来保障项目的进行。

（二）我们围绕项目教学从开发项目、构架项目、辅助项目、记录项目、保障项目这五个方面实施

1. 开发项目

开发一系列学生综合创新实践项目等教学资源作为载体来丰富课程内涵、提高学生思维力度、为深刻而教为有效而教。我校的项目特点是注重与学科知识联系、注重与科技教育结合、注重环保教育、注重项目的开放性。

比如，结合生物学科的雨燕鸟舍项目，结合物理学科的木制游标卡尺项目，结合生活实际的衣架和储物架项目，结合工程的 ABS 桥梁承重项目，结合节能教育的太阳能制作项目等。这些项目破解了教学资源匮乏问题，深化了学生对于科学课程、工程常识、节能环保的理解，还能学以致用、手脑并用，提高了学生创新能力。我们将一些竞赛项目改造后引入课堂，比如木梁承重项目、过山车项目等。我们还在自编手册中单独设立《综合设计与制作》一章，目的就是希望学生应用所学的技术设计知识从创意网站上收集一些创新小制作，还有一些来自历届北京市青少年科技创新大赛简单的项目，让学生开阔眼界，尝试简单的设计作品。此外，我们还注重项目的开放性，比如在木制产品项目中，我们并不要求学生做同样的产品，而是列出一些产品供学生根据兴趣和自己的动手能力选择。只要学生能体验设计的一般过程，运用设计的原则，动手实践制作出产品就可以。

2. 构架项目

随着时间的推移，项目从无到有，基本满足了教学需要。随着对项目教学实践的不断深入，一线教师对实践项目的研究不断深入，把项目构架得更加丰富、立体。比如，机器人项目中的碰壁倒退小车和寻迹车对应了

开环控制和闭环控制，实现了同类项目的进阶。再如，简易桥梁模型的设计制作项目实现了大概念引导大项目，用大项目作为单元教学的载体，串联起结构、流程和系统的部分章节。再比如，榫卯结构项目的设计不仅仅涉及工程技术，还涉及人文。

3.辅助项目

项目是为了让学生在"做项目"的过程中学习掌握教学内容，内化知识与技能，那么如何让学生快速理解项目，并在教师的指导下亲自处理一个项目的全过程呢？这就需要开发一套适合我校学生的校本实践手册来辅助项目。最开始，我们老师是用卷子纸把一些项目实施的注意事项、制作过程列出来，帮助学生更好地理解并完成项目，后来我们想不如再补充一些校本的东西形成一份校本资料，于是这份资料就兼具了资料补充、实验报告、过程记录、考核评价等功能。我们的撰写原则是：精选核心教学内容、以项目为主导、符合学生学习需要、突出过程评价。我们的开发策略是：按照"开发、使用、反馈、再版"模式进行滚动。现在我们已经印刷使用了两轮，改版了两次，包括必修、选修、研学、竞赛一系列17册校本资料。我们也通过问卷调查，吸收学生的意见，来不断改版完善我们的材料以更好地辅助项目教学。

4.记录项目

有了辅助项目的校本实践手册，还要在手册中设计各种表格，将学生发现问题、方案设计、绘制图纸、制作过程记录下来，这些记录中体现了学生的创新意识、创新思维、创新能力，甚至创新人格，既便于学生梳理和反思，又便于教师根据这些过程给出课程评价成绩，使得课程的评价更具科学性、可操作性和可测评性。通用技术课程的核心价值是提高学生创新能力和实践能力。它的特殊性决定了过程性评价是该学科发展的内在的迫切需要。这两方面能力的提升往往通过终结性评价的笔试较难体现出来，因此更需要通过学生在课堂中的创意灵感、设计制作、合作讨论等的表现来评价学生在通用技术学科学习过程中的收获和能力的提升。在每个项目中，我们通过表格和照片的方式记录学生在项目制作过程中的创意方案、设计过程、制作成果。

5. 保障项目

除了校本实践手册外，还需要创建一个以开放和情景为特征的创新实践环境来保障项目的顺利实施。一个好的创新环境能让受教育者得到启发、获得灵感、认识更为深刻。为此，我们特别注重技术创新环境的开发和利用，按主题将"工艺与材料""急救常识"等相关知识和戚发轫、朱光亚等技术专家的介绍，制作成展板悬挂在实验室内墙面。将"思考影响人生、双手改变世界"和"让科技融入理想，用创新点亮人生"等标语挂在实验室前后，营造出了较浓的技术教育氛围。我们在楼道悬挂了展示师生作品的展板，在技术情景中鼓舞着学生树立从事技术探究的信心，提高了他们的创新意识。此外，我们完善了安全标志标识，补充了实践项目需要的设备和工具，最大可能地保障学生顺畅地完成"做项目"的过程。我们还建立了开放实验室制度，每天中午都安排教师在实验室为学生自发前来进行创新制作提供帮助，从时间上和空间上保障学生有良好的创新实践环境。

三、实施全方位项目教学的效果

（一）学生的创新实践能力明显提升

通过实施全方位的项目教学，学生创新意识明显增强，创新思维越发活跃，创新能力加速提升，创新人格逐步确立。通过对比我们发现，学生在对待课程的积极态度上提高了 21 个百分点，对核心技术掌握程度上提高了 18 个百分点。通过在课堂中实施多学科整合的一系列项目，学生对其他学科的知识的理解能力和迁移能力也有所提高。2014 年以来，学生形成了发明创新技术方案 500 余项，获第 63 届纽伦堡国际发明展金奖、全国青少年创意大赛金奖和北京市青少年创新大赛二等奖等省市级以上奖项 76 人次，涌现出了大批创新人才。

（二）教师的科研能力和教学能力显著提高

通过进行以项目教学为对象的课题研究，教师的科研能力和教学能力显著提高。何斌老师荣获第四届北京市基础教育教学成果奖，课题组和南星分别被中国教育学会授予"课题研究先进集体"和"课题研究先进个人"称号。科研成果获得第六届朝阳区教育教学成果奖。6 篇科研论文发表在《中国教育技术装备》和《北京教育学院学报》等期刊上，13 篇论文在中国教育学会、北京市教科院的论文评比中获一、二等奖。多位老师分别被中国教育学会授予"全国百佳创新型名师""创新型优秀教师""北京市骨干教师""朝阳区骨干教师"等称号；多篇教学设计获得北京市一、二等奖，教师做市级研究课 6 人次。

第四节　大概念大项目视角的高中单元教学策略

通用技术是劳动教育在高中阶段实施的重要课程。2020 年版的《普通高中通用技术课程标准》明确提出了通用技术学科的五大学科核心素养，即技术意识、工程思维、创新设计、图样表达、物化能力。然而，新课标刚颁布，一线教师对新课标的理解和消化还需要一个过程。教育部通用技术课标组组长顾建军教授说过："什么样的学习有利于学生习得素养？我认为需要知识条件化（将知识回到具体的问题情境、熟知的生活情境、概念框架情境中；力避知识干涸化）、将知识结构化（将知识按某种逻辑组织起来，网状化，以免碎片化）、将知识对象化（与该知识的客观对象建立联系）。"那么，采用大概念引导大项目的单元主题教学是把知识条件化、知识结构化、知识对象化的重要举措。

一、大概念与大项目

（一）大概念

大概念又称大观念，或核心概念。通常包括学科核心概念、科学自身的概念以及共通概念。大概念是在事实基础上抽象出来的深层次的、有意义的、结构化的、可迁移的概念。大概念的获取路径包括：以课程标准为基准，以基本问题为导引，以高阶思维为架构。学科大概念指向学科核心任务，学科核心任务暗示学科核心素养，从中可以看出，课程标准中所提及的内容实际就是学科大概念的深刻折射。核心概念通常是指满足以下几个条件中两个或两个以上的科学概念：①在知识结构方面处于上位的能够确定学科边界的概念，或者能够组织学科知识的关键性概念；②与生活建立起较强联系的概念，或者是能够帮助学生认识的基础性概念；③与学生的兴趣与生活有关或与科学技术有关；④通过增加深度与复杂性，能够在不同年级中进行持续教学的。大概念的提出是单元主题教学的依据和基础。教师可以依据大概念进行课程教学内容的整合提炼，采用大项目形成单元主题，有利于高效教学，有利于发展学生的学科核心素养。

（二）核心素养

核心素养的概念一开始并不起源于国内，欧盟2002年3月在核心素养工作进展报告中进一步阐述核心素养：核心素养是一个集合概念，囊括了知识（Knowledge）、技能（Skill）和态度（Attitude），具有能够迁移和多功能的特点，能够实现发展自我、融入社会及胜任工作的目标。在中国，对"核心素养"的定义也不同，林崇德教授提出"核心素养是学生在接受相应学段的教育过程中，逐步形成的适应个人终生发展和社会发展需要的必备品格与关键能力"①。

（三）大项目

大项目即课堂活动项目是指以学生为主体的、以教学目标为导向的、一系列独特的、复杂的并相互关联的设计制作活动，它们必须在特定的时间、预算、资源限定内，依据教师给出的规范完成。所谓"大"是能体现多个知识点或核心概念综合运用的项目。技术课程的特点是实践性，把核心素养融入项目的设计和制作中来是高效的方法。项目式的基本特点是以制作项目为载体，以"创设情境—学习构建—实践体验—评价延伸"为基本模式，使学生在教师的指导下亲自经历设计制作一个项目的全过程，学生在"做"中学习掌握教学内容，解决在处理项目中遇到的困难，提高了兴趣，调动了积极性。项目式教学正是一种全新的以学生发展能力为中心，以解决问题能力为导向，充分运用探究式、讨论式等教学方法，注重对学生的自主、合作、探究、实践能力的培养是我们课程体系的核心。它改变了以往"教师讲，学生听"被动的教学模式，创造了学生主动参与、自主协作、探索创新的新型教学模式，有力地引导了学生的创新行为。

---

① 林崇德.21世纪学生发展核心素养研究［J］.教育科学论坛，2016（12）.

二、用大概念引导大项目的教学策略实践

通用技术学科核心素养包括：技术意识、工程思维、创新设计、图样表达、物化能力五个方面。很明显，学科的五个核心素养有着紧密的内在逻辑关系，即一个项目的设计制作过程。《普通高中通用技术课程标准》（2020年版）提出了"可以采用大概念引导大项目的方式进行项目设置，体现结构设计、流程设计、系统设计、控制设计的设计思想的综合运用"。我们以简易桥梁模型的设计制作为载体，以设计自重最轻、承重能力最强的桥梁为要解决的问题，打破章节界限，用大概念（结构、流程、系统）引导大项目（简易桥梁模型），将结构、流程、系统等重要的知识概念设计到桥梁项目中，让学生在做中掌握相关大概念。通过桥梁情景问题引入、启发学生技术意识，运用系统分析比较权衡的工程思维进行创新设计，通过图样表达，用 ABS 管材制作提升物化能力，使学生逐步生成学科核心素养，提高学生解决问题的能力。

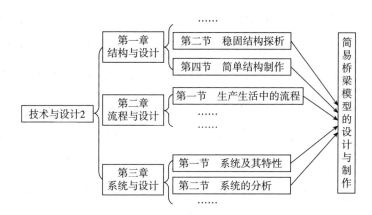

图 5-9　通过大概念引领桥梁大项目，进而统整必修 2 的教学内容

（一）通过桥梁项目启发技术意识

技术意识是对技术现象及技术问题的感知与体悟。本节课通过赵州桥

和港珠澳大桥案例进行情景引入，吸引学生注意力，让学生的思维进入桥梁设计这样一个情景中，用桥梁坍塌的案例让学生感悟技术现象和技术问题。随即，让学生理解影响结构稳定性和强度的因素。在给出桥梁模型设计限制条件后，让学生明确设计任务和设计要求，便于学生更加积极地参与到真实的设计情景活动中来。

（二）通过桥梁项目形成工程思维

工程思维是以系统分析和比较权衡为核心的一种筹划性思维。必修 2 中系统的基本特性和分析是教学难点，枯燥的案例无法调动学生学习积极性，通过让学生使用"西点桥梁"软件体验桥梁系统分析、优化设计过程，学生主动学习系统的整体性、相关性、动态性和目的性等概念，加深对系统五大基本特性和系统分析的理解，避免学生随意设计，运用科学的工具使学生建模初步形成了系统性的工程思维。与此同时，"系统"这个大概念在这里也是一条暗线，可以通过桥梁项目让学生掌握系统的概念、特性，深刻理解系统分析的原则和过程，应用系统设计方法进行桥梁项目的分析。

（三）通过桥梁项目进行创新设计

创新设计是指基于技术问题进行创新性方案构思的一系列问题解决过程。本项目的核心问题是在符合设计要求情况下，看谁能用尽量少的材料设计出承重能力强的桥梁模型。这看似悖论，实则通过思考和论证可以有大量的、巧妙的创新设计，比如三角形的运用。"结构"也是必修 2 的大概念，在桥梁这个大项目中，需要学生在项目中主动学习结构的概念、分类、影响结构强度和稳定性等重要知识，来完成最优桥梁项目的设计。

（四）通过桥梁项目促进图样表达

图样表达是指运用图样形式对意念中或客观存在的技术对象进行可视化的描述和交流。学生在前期系统分析和明确设计细节的基础上，用等比例方式绘制三视图，完成桥梁模型的具体设计方案，为后面按图施工制作做好准备，使学生养成了工程技术领域中良好的问题解决习惯。

（五）通过桥梁项目提升物化能力

物化能力是指采用一定的工艺方法等将意念、方案转化为有用的物品，或对已有物品进行改进与优化能力。想从工程角度提高学生问题解决能力，巧妙的设计是提高承重比的一方面，而精湛的加工工艺是另一方面。教师讲授示范 ABS 的划线、切割、打磨和粘接方法，提升学生物化能力。同时强调安全操作要点，提高学生安全意识。

"流程"是蕴含在所有大项目中的大概念，从流程这个概念的角度引导学生理解项目的环节和时序，通过优化流程高效高质量地完成项目。综上，我们以简易桥梁模型的设计制作为载体，以设计自重最轻、承重能力最强的桥梁为要解决的问题，打破章节界限，用大概念（结构、流程、系统）引导大项目（简易桥梁模型）通过桥梁情景问题引入、启发学生技术意识，运用系统分析比较权衡的工程思维进行创新设计，通过图样表达，用 ABS 管材制作提升物化能力，使学生逐步生成学科核心素养，提高学生解决问题的能力。

第五节　发展高中生工程思维的三循环教学策略

针对在通用技术课程中基于项目的传统单向教学发展学生工程思维有较大的局限性的问题，在吸收克罗德纳双循环和尼尔森六个半教学模型的基础上，探索并创新提出以突出发展高中生工程思维为目标的三循环模型。三循环教学模型就是针对传统的单向教学流程的问题，以突出发展学生权衡比较和系统分析的筹划性工程思维为目标，在项目学习的设计制作过程中，分别建立"目标分析""设计比较""实践测试"的三个循环的教学流程。该模型在八十中学进行了准实验研究，研究结果表明对高中生工程思维的提升取得了一定成效。

2016 年 9 月，中国学生发展核心素养总体框架正式发布。其中，"技术运用"中首次提到将"工程思维"确定为学生发展核心素养的内容之一。教育部颁布的 2017 年版《普通高中通用技术课程标准》（以下简称《课标》）中，"工程思维"被首次作为学科核心素养提出。《课标》中对"工程思维"的概念界定是：工程思维是以系统分析和比较权衡为核心的一种筹划性思维。一直以来，通用技术课程的"工具化"脸谱明显，人们一提到技术课程就会想到让学生去锯木头、做模型，缺乏思维内涵。作为学科核心素养之一的"工程思维"被提出，首次凸显了通用技术课程也有提高学生思维的教育使命，并与科学思维一道，丰富学生的思维方式，其意义十分重大。

一、传统教学方式用于提高工程思维教学的局限性

（一）传统教学与工程思维高效且适切的学习不够切合

一直以来，我国基础教育着力培养学生的科学思维。技术学科进入基础教育国家课程只有二三十年的时间，特别是通用技术学科成为国家课程只有十几年的时间。教学过程中通常都采用科学课程长久沿用下来的教学流程，即先讲授知识，然后通过确定设计假设进行实验验证，依然遵循的是科学思维"假设—实验—验证"的一般过程。此时学生还不知道接下来要做的项目和将要遇到的问题，不知道所学习的知识与接下来要做的项目的关系，这样的过程虽然能够达到一定的教学目标，但是对于学生建立"工程思维"并不贴合。

工程思维具有筹划性，是从现实和约束条件出发，考虑技术设计是否具有可行性、可操作性、可实现性。工程思维的一般过程是"需求—设计—制作—试验"，强调先明确设计需求，也就是约束条件，这样学生才能在设计中适切并主动地提取和学习其所需要的知识技能，使得整个工程思维的学习更加高效。

（二）传统教学没有突出工程思维中高阶思维的培养

传统教学倾向从知道、识记、领会、理解的布鲁姆低阶目标开始，很少能达到分析、评价、批判等高阶思维目标。工程思维强调运用系统分析的方法，突出在设计制作过程中，运用模型或仿真模拟、试验的思想和方法进行分析、评价甚至批判，最终解决问题，这些都是突出高阶思维的培养。

（三）传统教学与发展"权衡比较"的工程思维不够贴合

传统教学往往是在完成了实践项目制作和测试后就结束了整个项目教

学，缺少反复修改、迭代的过程，与工程实施的思维过程不够贴合。学生没有能够沉浸体验工程实施的全过程，容易使得学生对工程思维的理解和建立工程思维过程较为片面。事实上，工程思维具有权衡性，需要通过合理匹配各种约束条件和要素，进行比较、权衡、妥协、反复修改和迭代，做出风险评估，并据此优化设计等，以达到系统最优目标。这个过程在传统教学实施中很难实现。

二、"三循环"模型的经验发现与理论基础

（一）经验发现

2017 年版《普通高中通用技术课程标准》实施之后，在教学过程中发现学生普遍存在着对正在学习的知识技能的作用感到茫然的现象。针对这一现象，我们尝试调整教学流程，如在进行桥梁设计课的教学时，先把往届学生已做完的桥梁作品拿出来，让学生在设计前就去观察、去分析、去思考甚至去批判，让学生站在前人的基础上，思考如何设计出更好的作品。此外，还让学生在制作完成并测试后，继续进行桥梁的迭代再设计，多轮教学实践下来，发现有一定的教学效果。于是希望能通过研究把这种做法提炼上升到教学模型层面。在进一步学习研究工程思维这一学科核心素养的基础上，针对传统的"单向"教学策略，提出了"三循环"模型的设想，期望通过研究验证"三循环"模型可以有效提高学生工程思维的假设。

（二）理论基础

工程思维作为一种重要的思维方式，近些年逐渐得到国内学者的重视。国内外工科高校培养工程思维的方式主要强调通过 STEM 课程、机器人课程等采取反思实验教学、加强方法论教学、师徒带教等策略。高中生

的培养目标与大学生的培养目标存在着很大差异，迫切需要研究更适合高中通用技术课程中培养学生工程思维的教学策略。"三循环"模型也需要通过相应的理论作为基础并进行完善。"三循环"模型的主要理论基础集中在以下几个方面。

1.基于设计的学习（DBL）的克罗德纳双循环模型 [①]

1994 年，克罗德纳教授针对设计学习在如人工呼吸器、人体肘部模型、建造小船、搭建温室以及设计弹射器等项目实施中，提出了克罗德纳双循环模型。其主要思想是在学生进行设计产品时，去提取运用曾学习过的知识，在制作过程中不断学习新的知识，对方案加以修改和设计。这种学习方式比基于项目的学习（PBL）更突出不断反复修改和设计，而这正是工程思维中"权衡比较"和"系统分析"特征的体现。克罗德纳双循环模型如图 5-10 所示。

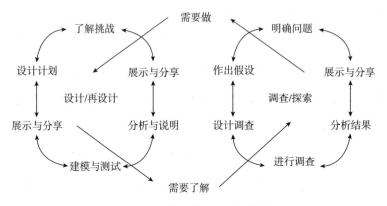

图 5-10　克罗德纳双循环模型

① 李美凤，孙玉杰.国外"设计型学习"研究与应用综述［J］.现代教育技术，2015，25（7）：12-18.

2.逆向思维六个半模型 ①

尼尔森教授在2000年改进了基于设计的学习（DBL），提出了"逆向思维"学习的六个半模型，其模型理论如图5-11所示。

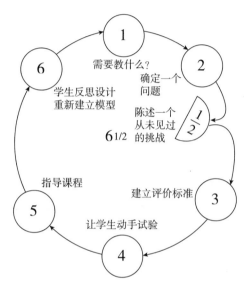

图5-11　尼尔森教授的逆向思维六个半模型

可以看出，其第3步先公布评价标准，第4步是让学生试试看预做，第6步是重构迭代再设计。传统单向教学往往重视知识而忽略实践能力，逆向思维在第3步强调先看评价标准、第4步先做（第一次试试看）后学，变被动接受为主动获取，通过设计、实践，尤其是第6步再设计、再实践的迭代，不断挑战任务同时获取知识。其教学是一个分析、实践、总结、调整以及修正迭代的教学过程，是学生在实践过程中发现问题、分析问题、最终解决问题的过程。

---

① 王佑镁.设计型学习：探究性教学新样式——兼论尼尔森的逆向思维学习过程模型［J］.现代教育技术，2012，22（6）：12-15.

3. 逆向工程法 [①]

工程中常用的"逆向工程法"也是"三循环"模型的另一个理论基础。逆向工程法也称反向工程法，是一种产品设计技术再现过程，即对一项目目标产品进行逆向分析及研究，从而演绎并得出该产品的处理流程、组织结构、功能特性及技术规格等设计要素，以制作出功能相近但又不完全一样的产品，反复权衡比较、系统分析，提高学生的工程思维，值得我们在高中通用技术课中借鉴。

三、"三循环"模型的特征与环节

通过上述对基于设计的学习中克罗德纳双循环模型、尼尔森教授的六个半模型和逆向工程法的分析，对经验获得的初步想法进行了完善，形成了"三循环"教学模型。

（一）定义与特征

"三循环"教学模型就是针对传统单向教学流程的问题，以突出发展学生工程思维为目标，按照工程思维的一般过程形成"目标分析""设计比较""实践测试"三个小循环，每个小循环都突出了系统分析、权衡比较、不断反思的筹划性思维，最后再从"实践测试"通过"迭代再设计"返回"设计比较"、通过"需求再核验"返回"目标分析"形成两个大循环，更加突出了没有唯一解而有更优解的工程思维。"三循环"教学模型是对克罗德纳双循环和尼尔森教授的六个半模型在中国高中生学习通用技术课程中发展工程思维的进一步探索和改良。

---

① 刘伟军，孙玉文. 逆向工程原理方法及应用［M］. 北京：机械工业出版社，2009：45.

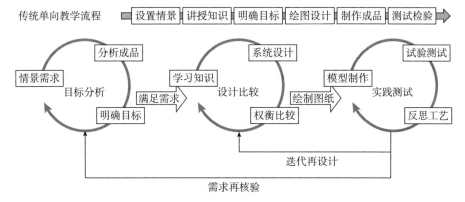

图 5-12　传统的单向教学流程与"三循环"教学模型对比

（二）流程与环节

"三循环"模型是由三个小循环和两个大循环构成。"循环"体现了权衡比较、系统分析、不断反思的筹划性思维，即工程思维。

第一个小循环叫"目标分析"，它突出从情境中的产品设计需求入手，通过观察分析往届学生的作品，培养学生高阶思维，有利于学生更加明确产品设计的目标，通过不断的分析确认从而回应产品需求，以利于按需设计，满足需求后进入第二个小循环。

第二个小循环叫"设计比较"，学生在明确设计目标后着手开始解决问题，需要哪些知识技能就适时进行学习，通过系统设计形成多个解决问题的设计方案，并通过讨论进行方案的权衡比较，有争论时再去吸取更多更新的知识来再设计、再比较，进行小循环，直到确定设计方案，绘制图纸后交付施工，进入第三个小循环。

第三个小循环叫"实践测试"，学生按图施工，在制作完产品模型后进行试验测试，测试不是工程设计的终点，而要通过测试结果来反思自己制作工艺中的问题。

两个大循环分别是指在做完模型并进行试验测试后，根据测试结果来检验相关指标是否满足最初的设计需求，回到第一个小循环"目标分析"；或者通过测试结果、反思设计中的问题需要进行迭代再设计，即返回到第二个小循环"设计比较"，重新再进行一次设计制作测试的循环，以达到最优设计产品。

（三）适用条件

"三循环"模型的适用教学场景，主要是有前一届学生完成的作品的技术设计项目。区别于传统的单向教学策略以讲授式为主的方式，由于"三循环"模型具有挑战性，带给学生较大的刺激和挑战欲，从教学上建议多采用提问式。

四、"三循环"模型的准实验研究

"三循环"教学模型从理论上隶属于"基于设计的学习"，与"基于设计的学习"平行的理论包括"基于项目的学习""任务驱动教学""基于问题的学习"等。也就是说，项目式学习中既可以有传统单向教学也可以有"三循环"教学。所以在准实验研究中，我们将两种教学方式进行了对照研究。

（一）实验设计

1. 工具

为了确保试题的信度和效度，我们抽取了近年高中通用技术学业水平考试题目和浙江省的部分高考的题目，并邀请部分优秀通用技术教师组织小组出题。我们把这些题目通过邮件发送、小组研讨、专家座谈等方式进行了论证，论证专家包括市区教研员、一线多年通用技术教师、大学相关领域教授等。删去了部分针对性不强的题目，最终形成了前测和后测两套测试题，每套测试题有九道题，包括自我感受型题目和试题型题目两类，分为权衡比较、系统分析、流程设计三个维度。确保同等难度，形成等效性题目。

2. 被试

在八十中学选取高二年级部分学生（样本数量 64 人），学生为同样中考录取成绩下随机分班的，根据高一期末通用技术模块成绩来看，学生的学习起点和水平能力基本一致。由 H 老师执教 1 个班作为实验组班级，采用三循环模型，共 21 人。N 老师和 L 老师各执教 1 个对照组班级，仍沿用传统的单向教学，班级人数分别为 22 人和 21 人。通过调取往届学生学业水平考试成绩，全部学生都达到了优良的水平，三位教师的教学能力基本没有显著差别。这样的安排，确保了对照组班级和实验组班级的学生起点无显著差别、教师无显著差别，有效控制了可能干扰准实验研究的其他因素，仅以教学策略为自变量，经过两个月的学习，看学生是否在工程思维的发展上有显著差异。

（二）实验实施

实验实施之前对实验班和对照班进行了前测。由 H 老师在实验组班级采用"三循环"教学模型实施 4 周、每周 2 节课，由 N 老师和 L 老师在对照组班级采用传统的单向教学同步实施 4 周、每周 2 节课。

由于本模型是萌芽于通用技术必修 2《技术与设计 2》的桥梁设计制作项目，故教学实验仍采用本项目作为教学内容。桥梁设计制作主题单元内容是选自江苏教育出版社通用技术必修 2 模块《技术与设计 2》第一章《结构与设计》中的第二节《稳固结构探析》、第三节《简单结构的设计制作》、第二章《流程与设计》中的第一节《生产生活中的流程》、第三章《系统与设计》中的第一节《系统及其特性》和第二节《系统的分析》。必修 2 涉及了四个相对独立内容的章节，孤立地进行几部分教学不仅学习过程枯燥且没有合适的教学载体，不利于学生整体认识技术世界、不利于提高学生五大学科素养，教学效果不好。本主题单元教学运用以简易桥梁模型为载体，用大概念（结构、流程、系统）引导大项目（简易桥梁模型）通过桥梁情景问题引入启发学生系统分析比较权衡进行创新设计，通过制图进行图样表达，用 ABS 管材制作提升物化能力，使学生逐步生成学科核心素养。本项目设计约 3 课时、制作约 3 课时、测试约 2 课时，共 8 课时。

（三）实验数据

1. 起点数据分析

实验组班级（30.25 分）和对照组班级（29.82 分）在前测中成绩均值较为接近，显示学生在教学实验前的初始水平没有显著差异。

2. 自身变化分析

实验组班级本身前测与后测的对比发现：

（1）从题目正答率看，第 3 题正答率从 77% 提高到 92%；第 6 题正答率从 68% 提高到 82%；试卷整体平均分从 30.25 分提高到 32.84 分。其他题目的正答率没有分数上的明显差别。如表 5-2 所示。

表 5-2　学生第 3 题与第 6 题在前后测的差异

题目	实验班前测	实验班后测
第 3 题：我认为分析一个工程问题需要运用要素分析、整体规划、运用建模的方法进行	77%	92%
第 6 题：我认为工程思维在设计、制作中都有体现	68%	82%

（2）从相关性分析看，通过配对样本 T 检验，得到 Sig. 值为 0.338（>0.05），显示 H 老师执教的实验组班级前测后测差异没有达到显著。

3. 班级间变化分析

实验组班级与对照组班级的后测对比发现：

（1）从题目正答率看，第 3 题实验组班级的正答率（92%）明显高于对照组班级（77%）（注：对照组班级本题前测后测正答率基本无变化）；饮水机题目的正答率实验班级（26%）高于对照组班级（14%）（注：对照组班级本题前测后测正答率基本无变化）；垃圾桶题目的正答率实验组班级（81%）高于对照组班级（62%）（注：对照组班级本题前测后测正答率基本无变化）。如表 5-3 所示。

表 5-3　饮水机题与垃圾桶题在实验班、对照班前后测对比数据

题目	实验组前测	实验组后测	对照组前测	对照组后测
饮水机题	13%	26%	12%	14%
垃圾桶题	59%	81%	65%	62%

（2）从相关性分析看，进行双独立样本 T 检验，得到 Sig. 值为 0.042（<0.05），显示实验组班级与对照组班级的后测差异非常显著。

（四）实验结论

1. 从实验组班级与对照组班级的后测数据，我们能看出，在分别运用传统单向教学策略和"三循环"教学模型后，学生在工程思维提升上具有显著的差异。此外，在"方案权衡比较"和"系统分析的意识和方法"等维度上，实验组班级的题目正答率也优于对照组班级。这都说明，"三循环"模型有助于提高高中生工程思维的发展。

2. 从实验组班级自身前测和后测的数据，我们能看出，虽然从题目的正答率上具有"成长性"，但相关性没有达到显著性差异。分析其原因可能与以下因素有关：

（1）教学实验时间较短。一个人思维上的变化是需要时间的，仅仅通过每周 1 节课，整体实验长度仅 1 个月即 4 周的时间，学生在思维上的变化不易被测量出来。

（2）教学中工程思维突出得不够。反思我们的教学过程，工程思维只是突出在设计阶段和试验后的迭代再设计。实际上，项目教学中的每节课都可以体现或突出工程思维，这也与实验教师在研究过程中对工程思维的认识不断深化有关。

（3）测试题目质量与测试方式有待商榷。尽管所有测试题目已经由专家组反复筛选，但毕竟"工程思维"是首次在中学技术课程中提出，大家对"工程思维"的认识还不够深入，分解的维度还不够清晰，仍待进一步分解研究。

五、展望

在接下来的研究中，还将采取进一步加长实验时间、在教学中更加突出工程思维的内容，不断改进测试题目的质量、优化分数赋值等方式改进研究。此外，还将加入学生在项目设计制作过程中的外显性行为观察作为学生发展工程思维的证据，如处理问题的方式、图纸绘制、反思写下的感受等，甚至进行学生访谈进行质性研究，以期能更全面地认识学生工程思维的发展，更深入地认识"三循环"模型对于学生工程思维培养的作用。

第六节　仿真软件支持下发展工程思维的教学策略

通用技术是劳动教育在高中阶段的重要课程。针对高中通用技术学科核心素养之一的"工程思维"教学中存在的问题，在高中通用技术课堂教学中，运用仿真软件将学生带入近似真实的工程情景中，尝试让学生在建模中感受权衡比较，掌握系统分析的方法，取得了较好的效果。

一、工程思维作为学科核心素养在教学中的困难

2020 年，教育部颁布的《普通高中通用技术课程标准》中首次将"工程思维"作为学科核心素养明确提出，改变了以往通用技术课程"工具化"脸谱明显、缺乏思维内涵的现状。凸显了通用技术课程也有提高学生思维的学科使命，与科学思维并行，使学生思维发展更加全面、均衡。工程思维是以系统分析和权衡比较为核心的筹划性思维，其具有系统性、筹划性、权衡性、容错性、标准性、建模性等特征。工程思维贯穿于设计制作全过程中，如果说技术意识是技术活动起点的话，那么工程思维就是技术活动的灵魂，它反映了学生思维发展和问题解决能力。相对于指向唯一解的科学思维，工程思维更注重发展学生在接近真实的工程情景中找到权衡妥协的创新解。然而，工程思维这样一个"全新的""具有灵魂地位的"学科核心素养却在高中通用技术教学中遇到了不小的困难。

（一）受限于教师对工程思维的理解

"工程思维"是 2017 年新课标才提出的"新名词"，相较于"创新设计""物化能力"等学科核心素养来说，一线教师对"工程思维"这个概念相对陌生，感到晦涩难懂，从而产生畏惧心理，在课堂教学中难免会"绕着走"，导致"工程思维"这个核心素养难以落实。

（二）受限于没有可操作的、贴合性强的工具，学生较难理解

从工程思维的概念和特征不难看出，其在教学中比较抽象，尤其在《系统及其设计》这个单元，很多学校沿用教材中的案例在课上进行分析，没有任何可操作、可实践的载体，教师往往陷入讲授式的泥潭，不仅学生面对纸上谈兵会不爱听，教学效果不好，更重要的是会带给学生一种"错觉"，认为实际的工程就是这么"简单"，难以真正培养学生的"工程思维"。

（三）受限于经费条件和有限的课时

"工程实现"是一个复杂的过程，中学课堂与实际的"工程实现"过程有很大差别。"工程思维"需要在工程实现的过程中经历和体会才能够真正得以培养。一个工程项目生命周期要经过系统规划、系统分析、系统设计、系统实施、运行维护几个阶段。其中系统设计又包含整体设计和详细设计，在这个过程中含有大量的"设计计算"和"方案验证"等工作。由于课时和中学生的知识积累和认知水平的限制，难以真正在教学中进行。然而没有设计数据的支持，设计方案总归是空中楼阁，因此迫切需要研究和思考中学进行"工程思维"教学的载体和工具，使之能够最大限度地承载教学内容，同时又避开中学阶段不需要学习的内容。个别顶尖学校引入高校资源让学生感受"工程思维"，但成本巨大且不是每个普通学校能借鉴的。若用一个大的设计制作项目作为载体去让学生感受"工程思维"又会增加本就不多的学科耗材经费，更会让本就不多的课时捉襟见肘。

二、运用仿真软件破解难题

运用信息技术手段可以让学生更直观地体验"工程思维"中的权衡比较和系统分析过程，仿真软件就是其中的代表。

（一）软件有助于教师理解"工程思维"

工程是个复杂的系统，通用技术教师多数是从其他学科转行过来，对"工程思维"这个概念相对陌生、有畏惧感，教学自信心不足。究其原因是中学教师没有时间和能力对"工程项目"中大量的设计计算、方案校验等工作进行教学，这些详细的计算内容已经超出了对中学的要求。而"西点桥梁设计"和"我家我设计6.0"这两款软件，一款是桥梁设计，另一款是居室设计，都是贴近生活的、入门级的又进行了一定简化的典型工程项目，教师学起来亲近感强、容易理解，权衡比较和系统分析的工程思维在这两款软件中体现明显，与教学内容贴合，老师们备起课来非常方便，既可以对项目进行反复的设计和对各种参数进行校验，又可以避开大量的专业数据计算。

（二）软件有助于学生在"做"中理解复杂的"工程思维"

两款软件都具有明确的使用场景，能很容易把学生带入类似真实的工程情景中进行学习。两款软件都具有动画仿真功能，可以让学生直观地、即时地看到自己设计出的结果，都能让学生通过修改各类参数，实现权衡比较和系统分析，既对现实的工程情景做了简化抽象，又保留了可操作性，寓教于乐，适合高中学段的学生。

（三）软件绿色免费、使用简单、效率高、成本低

这两款软件是公开免费下载使用的绿色软件，软件大小均小于60M，下载安装方便且不占用过多电脑空间。两款软件使用非常简单方便，界面清晰、分类合理，教师和学生用起来都不会有畏惧情绪。两款软件都具有动画仿真效果，容易调动刺激学生视觉感官，学生注意力强、非常感兴趣，上手快、体验强。两款软件能在较短的时间内让学生深刻理解以权衡比较和系统分析为特征的工程思维，不会占据过多的课时，大大地提高了教学效率。

三、运用仿真软件培养学生工程思维的教学策略实践

（一）运用"西点桥梁"软件的教学实践

必修2《技术与设计2》中"系统的基本特性和分析"是教学难点，枯燥的案例无法调动学生的学习积极性。笔者让学生通过使用"西点桥梁设计"仿真软件体验桥梁这个系统的基本特性。在软件的设计界面，可以看到桥是由杆和点组合，杆和点在孤立状态下是没有作用的，只有系统设

计才能发挥系统的整体性，这与系统"整体性"概念非常贴合，教师既能在此时介绍软件使用为后续学生实践打基础又能顺势介绍系统的"整体性"概念。

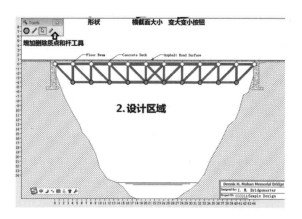

图 5-13　西点桥梁仿真软件的设计区域

"相关性"也是系统的重要特性，笔者让学生点击桥梁软件中的"动画仿真"按钮，学生就能清晰地看到卡车通过桥梁过程中每根杆的受力情况，如图 5-14 所示，红色表示受到压力、蓝色表示受到拉力，颜色越深表示

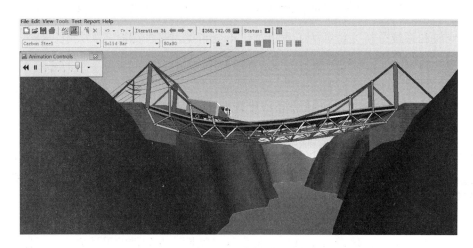

图 5-14　西点桥梁仿真软件中的仿真画面

受力越大，通过这个功能可以让学生清晰地看到桥梁系统中每根杆彼此之间相互拉拽的受力情况，与“相关性”的教学内容非常贴合。动态性是指系统是动态不断变化的，学生在仿真软件中每次改变杆的粗细（也就是横截面变化），重新进行动画仿真时，每根杆受到的压力和拉力数据都会实时更新并在软件右侧的数据区域显示，见图 5-15，让学生直观感受到系统数据的动态变化，强化了学生对系统“动态性”的理解。

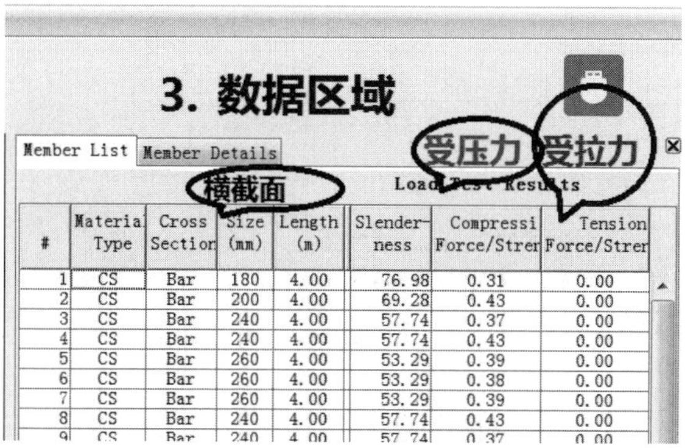

#	Materia Type	Cross Sectior	Size (mm)	Length (m)	Slender-ness	Compressi Force/Strer	Tension Force/Strer
1	CS	Bar	180	4.00	76.98	0.31	0.00
2	CS	Bar	200	4.00	69.28	0.43	0.00
3	CS	Bar	240	4.00	57.74	0.37	0.00
4	CS	Bar	240	4.00	57.74	0.43	0.00
5	CS	Bar	260	4.00	53.29	0.39	0.00
6	CS	Bar	260	4.00	53.29	0.38	0.00
7	CS	Bar	260	4.00	53.29	0.39	0.00
8	CS	Bar	240	4.00	57.74	0.43	0.00
9	CS	Bar	240	4.00	57.74	0.37	0.00

图 5-15　软件的数据区域

学生在桥梁仿真软件中主动探究、体验、理解系统的整体性、相关性、动态性等概念，加深对系统基本特性和系统分析的理解，避免了“拍脑袋”式的随意设计，运用科学的工具使学生通过建模初步形成了系统性的工程思维，为后续设计制作桥梁模型打下坚实基础。

（二）运用“我家我设计”软件的教学实践

必修 2《技术与设计 2》中“系统的优化”也是一个教学难点，笔者运用“我家我设计 6.0”居室格局设计仿真软件让学生在软件中绘制 80 平方米两居室的外围框架，见图 5-16，引导学生思考如何在有限的空间内进行权衡比较、系统分析，合理布局客厅、厨房、卫生间、卧室的位置。当学生基本掌握后就可以针对自己家居室的情况在软件中绘制进行系统的优化，实现学以致用，使学生兴趣高涨。通过这个软件，学生可以高效准确地理解权衡比较、系统分析这种工程思维，并在近似真实的工程项目中进行初步运用。

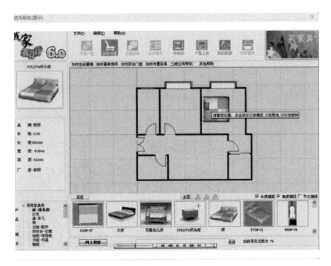

图 5-16　仿真软件中进行设计并进行三维仿真

总之，笔者运用两款成本低、易上手、学生感兴趣的仿真软件，将学生带入近似真实的工程情景中，让学生在建模中感受工程思维，掌握系统分析的方法，教学效果比单一的讲授式教学好很多，真正激发了学生主动学习的动力，所探讨的问题也是工程技术的基本问题，对广大的普通学校非常有借鉴意义，适合推广。

第七节　突出劳动课程核心素养的教学设计策略

2022 年 4 月，教育部颁布了义务教育阶段《劳动课程标准》，这是新中国成立以来，首次颁布劳动课程标准，完成了从"劳动技术课"向"劳动课"的华丽转身。然而，对于一线教师来说，两者的区别是什么？如何深刻把握课程标准，实现将"劳动技术课"的教学设计变为"劳动课"的教学设计，需要从教学理念上深刻理解、从教学目标上转变设定、从教学环节上丰富手段、从教学内容上精心选择、从教学评价上采用多元主体和多种方式来发展学生的劳动课程核心素养。

一、教学设计是体现落实劳动课程核心素养的重要环节

课程核心素养是学生经过本课程的学习形成了正确价值观念、必备品格和关键能力。课堂是培养学生学科核心素养的土壤，学生素养的发展离不开课堂，课堂离不开教师的教学设计。教学设计是根据课程标准的要求和教学对象的特点，将教学诸要素有序安排，确定合适的教学方案的设想和计划。没有突出课程核心素养的教学设计，再美好的课程和素养愿景也只是一纸空文。落实劳动教育，最终都要落实在每节课中。只有教师深刻理解并把握了课程核心素养，才能在劳动课上端正学生的劳动观念、发展他们的劳动能力、培养他们的劳动品格、让他们养成良好的劳动习惯。

二、突出课程核心素养的教学设计策略

（一）从教学理念上深刻理解来落实课程核心素养

从"劳动技术课"向"劳动课"的华丽转身，重在教学理念上发生了变化。教学理念的变化源自课程理念的变化。劳动技术课重在技术，而劳动课要培养学生的劳动素养，包括劳动观念、劳动能力、劳动习惯和品质、劳动精神。教师只有认真学习课程标准，深刻理解课程理念上的变化，才能真正落实劳动课程核心素养。

（二）从教学目标上转变设定来突出课程核心素养

教学目标是具体落实劳动课程核心素养的关键环节，它是关于教学将使学生发生何种变化的明确表述，是指在教学活动中所期待得到的学生的学习结果。在教学过程中，教学目标起着十分重要的作用。这里所说的教学目标是指一节课的课堂教学目标。教学活动以教学目标为导向，且始终围绕实现教学目标而进行。如果教学目标依然是以前"劳动技术课"的以技术技能为核心的目标，那还不是真正意义上的"劳动课"。新时代劳动课的教学目标必须转变设定才能突出课程核心素养，也就是从以前以"技术技能"培养为核心的教学目标转变为以"劳动观念、劳动能力、劳动习惯和品质、劳动精神"培养为核心的教学目标，真正体现劳动课程理念。在具体的撰写过程中，仍以布鲁姆经典动词为主，可以按四个核心素养分段撰写。

（三）从教学环节上丰富手段来促进课程核心素养

以前"劳动技术课"的教学环节都是围绕"技术技能"操作展开的，典型的教学环节往往是采用"示范—模仿"教学策略，通过"动作定向""参与练习""自主练习""技能迁移"几个环节组成的流程来进行。而现在的"劳动课"不仅是要培养学生的劳动能力，还要培养学生的劳动观念、劳动习惯和品质、劳动精神。这就需要我们改变以往的教学环节和流程，不断丰富我们的教学手段，来培养学生的观念、习惯和精神。比如，通过设置案例分析的教学环节让学生认识大国工匠的事迹，学习劳模精神。比如，通过设置体验和演讲的教学环节，让学生讲讲家里和小区里的普通劳动者。比如，通过设置反思讨论的教学环节让学生分析自己的劳动过程，端正他们的劳动观念，培养他们不怕苦不怕累的劳动品质。比如，通过下课前的收纳整理的教学环节，强调工具收纳和垃圾清理，培养学生的劳动习惯。

（四）从教学内容上精心选择来发展课程核心素养

根据《劳动课程标准》，劳动课的教学内容包括三类劳动和十大任务群。具体到课堂上，教学内容大致分为用来操作的实践项目和用来分析的教学案例两大类。无论是实践项目还是教学案例都要精心选择。要挑选适合本校校情和学情的、体现中华优秀传统文化的、展现中国现代科技成就的实践项目。要充分挖掘体现大国工匠和劳模精神的教学案例，鼓励学生爱劳动、会劳动、持续劳动。

（五）从教学评价上多元主体、多种方式来表现课程核心素养

劳动课的教学评价要以劳动课程核心素养为基本要素，除了劳动课教师外还鼓励家长和校外服务机构人员作为多元评价主体对学生的劳动过程和成果进行评价。在评价记录形式上也鼓励多种多样，有以实物形式存在的劳动成果、有形成文字的劳动方案和劳动感悟、有拍成照片或视频的劳动过程纪念册。评价的方式上有以一个学期或一个任务群的阶段性评价，也有一节课或一次活动的过程性评价。

第八节　线上线下混合学习和评价系统的构建策略

近年来，运用信息技术手段辅助教学与评价有利于提高教学及评价的效率已经成为教育界的共识。疫情三年，线上线下教学无缝切换，师生已经对腾讯会议、钉钉会议以及 Classin 等带有收发作业功能的即时会议 App（英文 Application 的简称，多指智能手机的第三方应用程序）非常熟悉，

广大一线教师运用信息技术手段辅助教学的水平越来越高。

一、构建的需求与目标

劳动教育具有操作上的实践性、内容上的复杂性、场域上的不确定特点。这些特点导致线上线下教学与文化课不太相同。虽然现有的 App 具备了一定的辅助教学功能，如 Classin 支持上交和批改作业功能，腾讯会议可以时时授课，但现有的信息技术手段仍是碎片化的。如 Classin 不能上传学生能看的学材（如文档、微课、PPT），腾讯会议是单一的时时讲课平台，而学校自主开发的鲲鹏平台主要是微课存储＋时时讲课平台，缺少学材上传的功能。新时代的劳动教育不仅仅要求学生会进行劳动操作，还关注学生的劳动观念、劳动习惯和品质、劳动精神上的发展变化，迫切需要一个具有一定开放性的，支持线上线下教学的，集考勤、学材资源、课堂评价、劳动过程和成果照片上传提交、分享讨论互评等功能于一体的平台。

二、构建的经验与思路

魔灯（Moodle）是澳大利亚教师 Martin Dougiamas 在 2002 年基于建构主义教育理论而开发的课程管理系统，是一个免费的开放源代码的软件，目前在各国已广泛应用。"魔灯"（Moodle）这个词是 Modular Object-Oriented Dynamic Learning Environment，即模块化面向对象的动态学习环境的缩写。是一个用来建设基于 Internet 的课程和网站的软件包。魔灯平台依据建构主义的教学思想，即教育者（老师）和学习者（学生）都是平等的主体，在教学活动中，他们相互协作，并根据自己已有的经验共同建构知识。魔灯比较容易安装，可以支持大量的多种类别课程，特别重视整个系统的安全性。所有的界面设计风格一致、简单、高效，而且不需要特殊的浏览技能。魔灯平台有论坛、测验、资源、投票、问卷调查、作业、聊天、专题讨论、邮件等功能。

魔灯作为学习管理系统的一种，同样也以一种惊人的速度在世界各国传播和应用。迄今为止，为全球成千上万的学习环境提供服务，Moodle 被大大小小的机构和组织所信任，其中包括 London School of Economics（伦敦经济学院）、State University of New York（纽约州立大学）。魔灯在全球拥有超过 7900 万的用户，包括在学术和企业层次的使用，并已经被译为 130多种语言，可供使用者选择，这使其成为世界上最广泛使用的学习平台。近几年来，魔灯也开始在我国风行起来，最先引入到了台湾地区，并引起了一场学习风暴。魔灯不仅仅是一个技术平台，也是体验新的教育理念的操作平台，不仅仅是一个先进的"课程管理系统"（CMS），更是一个将教育理论与实践相结合的，支持教师和学生组织实施教学活动的"学习管理系统"（LMS）。

魔灯的一个重要特色就是以建构主义教学法为其设计的理论基础。它允许师生或学生彼此间共同思考，合作解决问题。在这些过程中，与他人互动，或与教师互动时，学生很自然就能建立概念，因为他们在交谈时，共同创造出一个可论述的架构，并不断进行建构学习，最终实现"集体智慧"和"集体认知"。魔灯作为一个学习系统，记录知识、整理知识、生成知识，把存在于纸张和头脑中的知识、经验等电子化、网络化、系统化。

应用魔灯创设的虚拟学习环境中有三个维度：技术管理维度、学习任务维度和社会交往维度。技术管理是指提供了会谈的空间和交流的工具。学习任务是指与课程学习有关的学习材料、资源和活动等。社会交往维度是指参加者需要通过经常性的联系来维持一定程度上的互相关心和理解，从而形成对整个群体的归属感和社会情感纽带。因为这种社会交往使成员获得学习中的满足感，有助于群体的形成和保持，因而对学生的学习结果有积极的促进作用。

魔灯平台在国内应用还不是很广泛，主要在上海、辽宁等地区，主要有信息技术、英语、通用技术等学科在使用。在北京地区，人大附中、北师大二附中等课改先进校早已经在全部学科铺开使用，效果良好。

三、构建的行为与反馈

（一）课程管理功能

教师在魔灯平台上可以全面控制课程的所有设置，包括限制其他教师和非本班学生，确保平台的安全性。灵活的课程活动配置，包括测验、资源、问卷调查、作业、专题讨论等功能。每个学生登录课程的时间和次数都能看到，便于了解学生动态。绝大部分的文本（资源、论坛帖子等）可以用所见即所得的编辑器编辑，即便信息素养不高的老教师也能轻松操作设置，技术门槛低。

（二）资源管理功能

课程最重要的是资源。教师可以把一个学期内每节课的课程资源按教学计划上传，像搭积木一样，方便师生随时取用，而不需要在微信群、Classin 中来回切换。同时，也可以让学生了解整个学期的教学安排，学习吃力的学生可以反复观看微课等资源，学有余力的学生可以提前预习后面的课程内容，真正实现学生的自主学习。魔灯平台支持上传任何电子文档，如 Word、Powerpoint、Flash、视频和声音等。也可以连接到 Web 上的外部资源，还可以无缝地将其包含到课程界面里。

（三）作业与评价功能

魔灯平台可以非常方便地收集学生的作业作品（图片、视频等各种形式）、方便老师随时线上批改。劳动课程往往需要学生上传作品照片或劳动过程照片，还可以撰写一些有关劳动过程的感悟文字。很多一线老师都苦于找不到免费又方便的平台。魔灯平台可以由学生上传作业，文件格式不限，上传时间也会被记录。教师可以在一个页面、一个表单内为整个班级的每份作业评分。教师的反馈会显示在每个学生的作业页面，并且有电子邮件通知。教师可以选择打分后是否可以重新提交作业，以便重新打分，这点类似于 Classin。这些强大丰富的功能就给关注学生在劳动各个环节中的表现，关注学生生活劳动、生产劳动和服务性劳动中的独特想法提供了记录及评价的可能。

（四）问卷与投票功能

在魔灯平台上，教师可以轻松设置问卷调查或对某一事情的投票功能。教师可以在直观的表格里看到谁选择了什么。随时可以查看在线问卷的报告，包括很多图形，可以有效对各种类型的劳动教育进行快速反馈，不断调整优化劳动课程和活动。

第六章
中学劳动教育的教学课例

课堂是培养学生学科核心素养的土壤，教学设计则是落实发展学生学科核心素养的设想。没有优质的教学设计，再美好的教育愿景也只是一纸空文。落实劳动教育，最终都要落实在每节课中。劳动教育的内涵极其丰富，不仅仅有初中学段也有高中学段；不仅仅是学习相关的劳动知识与技能，不仅仅是出出力、出出汗，我们还要在劳动教育课上端正学生的劳动观念、培养他们的劳动能力、完善他们的劳动品格、让学生们养成劳动习惯。本章提供了一些劳动教育的教学课例。

第一节 孔明锁的锯割（工业生产劳动 / 任务群）

义务教育阶段《劳动课程标准》中提到"工业生产劳动"任务群要让学生能选择木工、金工等进行产品设计与加工，体验工业生产劳动，熟悉工具特点、设备特点、加工材料要求，识读并绘制产品加工技术图样，根据图样加工制作。孔明锁，也称鲁班锁，是中国传统益智玩具，也是中国古代劳动人民的智慧结晶，不需要什么机关，只通过榫卯结构就可以进行自锁。孔明锁是原劳动技术课程最经典的木工项目，既体现传统文化又反映劳动智慧，还能发展学生图样表达、物化能力和空间思维能力。孔明锁项目从学习原理、绘制图样、制作模型到展示评价大约需要 5 课时，本课时仅涉及锯割部分。

一、教学目标

认识木工技术是推动人类社会发展的重要力量；感受木工劳动者的劳动情怀、荣誉感和自豪感；能分析三棒孔明锁立体结构及制作流程，能按图纸运用木工划线、锯割等工艺使用手工锯和带锯机等工具设备完成三棒孔明锁的制作，使用工具和设备时养成安全的劳动习惯。养成严谨细致、精益求精的工匠精神。

二、教学重难点

（一）教学重点：掌握木工划线、锯割的工艺，使用工具和设备时养成安全的劳动习惯。

（二）教学难点：按图纸运用木工划线、锯割等工艺完成三棒孔明锁的制作，养成严谨细致、精益求精的工匠精神。

三、教学方法

讲授法、讨论法、练习法。

四、教学用具

（一）教具：PPT、木方（16mm×16mm×200mm）若干。

（二）学具：铅笔、钢尺、带锯机、砂纸、木工锉。

五、学生情况

本课的教学对象是初一年级学生，经过前面几节课，他们对木材已具备一定的加工能力。在本课的准备课中，学生已了解孔明锁的空间结构，并绘制了三视图，学生对如何制作出孔明锁有着强烈的愿望。

六、教学过程

（一）木工工艺概述

师提问：说说之前学过的木工工艺都有哪些？这些工艺都会在本项目中运用。生回答问题：锯割、打磨、钻孔等。在前面的绘图课过程中，有的同学遇到困难急躁了、有的同学缺乏耐心、有的同学开始敷衍了事。在这节课的开始我要告诉同学们，劳动不光掌握技能还是锻炼心性的，要有耐心还要精益求精，这是工匠精神也是劳动精神，我们通过一个短片看看木作传承人是怎么样叙述的。同学们思考能从视频中提取哪些词来概括。看完后，生答：执着、细致。回顾孔明锁设计制作流程。

设计意图：在上课伊始，把学生的思绪带入到上节课完成的内容，便于集中学生注意力，为本课内容进行铺垫。此外，通过观看木作传承人视频，让学生从木作传承人身上学到劳动的意义和劳动精神。

（二）画下料图

提示学生从多个角度根据孔明锁轴测图或三视图的尺寸，在木方多个表面画下料图。

设置意图：回顾上节课尺寸内容，便于本节课学生画下料图。

（三）锯割工艺讲解

介绍带锯机的使用，学生观看带锯机使用视频。提示学生注意：手在锯割延长线两侧，留线锯割。采用三角锯割法来锯割内部。学生听讲，学习如何将长木条用带锯机分为 16mm×16mm×80mm 的三根。思考如何用手工锯完成内部锯割。

设置意图：理解带锯机的使用方法和注意事项，该设备有一定危险性，要加强安全教育，提高安全意识，也为后面操作打好基础。

（四）实践活动：锯割孔明锁

教师巡视、个别指导，提醒学生安全操作规程，要求不戴眼镜的学生必须戴护目镜。学生两人一组按自己绘制的三视图图纸进行划线和锯割。

设置意图：学生亲身经历制作过程，增强物化能力。

（五）收拾工具

要求学生清理垃圾到门口蓝色垃圾桶，工具放回绿色筐里，半成品放到班级储物柜中。

设置意图：养成良好的劳动习惯。

七、学生评价

表 6-1 初中孔明锁项目课堂评价表

一级指标	三级指标（具体观察点）
劳动观念	认识木工技术是推动人类社会发展的重要力量
	感受木工劳动者的劳动情怀、荣誉感和自豪感
劳动能力	能按划线位置使用手工锯和带锯机等工具设备对木方进行锯割
	在规定时间内完成锯割，锯割误差不超过 2mm
劳动习惯和品质	养成负责任地、安全操作的习惯 养成活动后主动打扫木屑、收纳木工工具的习惯
	面对困难不退缩，能耐心细致地完成锯割工作
劳动精神	精心加工，养成严谨细致、精益求精的工匠精神
	继承中华民族勤俭节约、敬业奉献的优良传统，节约用料

第二节 景泰蓝掐丝技术（传统工艺制作 / 任务群）

义务教育阶段《劳动课程标准》中提到"传统工艺制作"任务群要让学生能根据劳动需要设计与制作传统工艺作品。感受传统工艺作品中蕴含的人文价值和工匠精神。树立传承中华优秀传统文化的观念，初步养成精益求精、追求品质的劳动精神。景泰蓝是中国的著名特种金属工艺品类之一。景泰蓝正名"铜胎掐丝珐琅"，是一种在铜质的胎型上，用柔软的扁铜丝，掐成各种花纹焊上，然后把珐琅质的色釉填充在花纹内烧制而成的器物。景泰蓝工艺复杂，但是仍有一些比较简单的劳动体验环节，比如掐丝。掐丝比较适合作为初中劳动课的学生体验项目，该项目共需 2 课时。

一、教学目标

知道景泰蓝的制作工艺基本流程，感受景泰蓝工艺大师的智慧和技巧，形成劳动光荣和劳动伟大的观念。能分析欣赏给定的图案，灵活运用镊子和剪子选择不同的掐丝工艺手法，养成安全使用的劳动习惯，在 30 分钟内完成给定图案的制作。养成严谨细致、精益求精的工匠精神。

二、教学重点难点

（一）教学重点：掌握掐丝工艺，感受景泰蓝工艺大师的智慧和技巧，形成劳动光荣和劳动伟大的观念。

（二）教学难点：灵活运用镊子和剪子选择不同的掐丝工艺手法，养成安全使用的劳动习惯，在 30 分钟内完成给定图案的制作。养成严谨细致、精益求精的工匠精神。

三、教学方法

讲授法、讨论法、演示法。

四、教学用具

（一）教具：PPT、视频。

（二）学具：图纸、镊子、剪子、0.5mm×1mm 金丝（扁丝）。

五、学生情况

本课的教学对象是初二年级学生，他们对金属材料尤其是金属丝已具备一定的加工能力。在本课的准备课中，学生已了解金工技术中对工具的选择使用，并积累了一些中国传统纹样设计知识。

六、教学过程

（一）创设情境

出示景泰蓝作品拍卖出 1 亿元图片，提问请同学们看看这是什么？景泰蓝是中国的著名特种金属工艺品类之一，景泰蓝正名"铜胎掐丝珐琅"，俗名"珐蓝"，是一种在铜质的胎型上，用柔软的扁铜丝，掐成各种花纹焊上，然后把珐琅质的色釉填充在花纹内烧制而成的器物。因其在明朝景泰年间盛行，制作技艺比较成熟，使用的珐琅釉多以蓝色为主，故而得名"景泰蓝"。

设计意图：通过创设情境让学生进入景泰蓝的中国传统优秀文化工艺这个氛围中来，感受祖国深厚的文化底蕴。

（二）景泰蓝工艺介绍

播放视频。让学生看到景泰蓝匠人的细致认真的劳动态度，认识到劳动创造财富、劳动创造美好的基本道理。

师问：请同学们根据视频介绍说一说景泰蓝工艺，教师在黑板上写出。

生答：设计图稿、胎型制作、掐丝、点蓝、烧蓝、磨光、镀金。

景泰蓝制作工艺复杂，胎型制作、烧蓝、磨光这些环节需要很多专业设备和多年操作经验，我们暂时无法体验，今天我们体验其中一个环节，就是掐丝。

设置意图：学习了解相关工艺，为后面体验其中一个工艺，即掐丝做准备。

（三）掐丝工艺介绍

1. 转印

我们需要把图案腾画到画板上，需要用复写纸。这些图案都极具中国传统文化特色，比如莲花、祥云、如意等，当然也有与现代内容的结合，例如冬奥的图案。

2. 涂胶

金属丝需要通过 AB 胶混合使用固定在画板上，涂胶要均匀沿线条从上至下、从左至右进行涂抹。

3. 捋丝

在掐丝前我们需要对金属丝进行捋丝，使其尽可能光滑顺直，做法是使用"捋丝片"将金属丝夹住往远处拉直。

4. 弯折

一只手拿着金属丝，另一只手用镊子将金属丝沿着图案使其与胶水接触固定，尽量做到线条流畅连贯，需要弯折的地方先用镊子在前端固定，最终形成闭合图形，才能在未来让釉料彩料存储于闭合图形中。

5. 剪丝

用剪刀把完成弯折的部分剪断。

设置意图：教师通过讲解掐丝过程，帮助学生快速理解掐丝工艺，从中学习到各种工具配合使用的方法和操作细节，为下面掐丝实践打基础。

（四）实践操作

教师组织学生分发材料，巡视进行个别指导。学生 2 人一组，尝试进行掐丝操作。

设置意图：学生亲历掐丝操作过程，发展物化能力。学生养成严谨细致、精益求精的工匠精神。

（五）总结

教师组织总结，通过实物投影展示 2 组学生的作品，总结点评学生在操作中集中反映的问题。

组织学生清理卫生、收拾工具。学生收拾工具和垃圾，回座位等待老师检查卫生和工具，作品可以带走。让学生养成良好的劳动习惯。

七、学生评价

表 6-2　初中景泰蓝掐丝项目学生课堂评价表

一级指标	三级指标（具体观察点）
劳动观念	感受景泰蓝工艺大师的智慧和技巧，形成劳动光荣和劳动伟大的观念
劳动能力	知道景泰蓝的制作工艺基本流程，能分析欣赏给定的图案，灵活运用镊子和剪子选择不同的掐丝工艺手法，在 30 分钟内完成给定图案的制作
劳动习惯和品质	养成负责任的、安全操作的习惯 养成活动后主动打扫卫生、收纳工具的习惯
	面对困难不退缩，能耐心细致地完成掐丝工作
劳动精神	养成严谨细致、精益求精、追求卓越的工匠精神

第三节 电子焊接方法（家用器具使用与维护 / 任务群）

义务教育阶段《劳动课程标准》中提到"家用器具使用与维护"任务群要让学生掌握家庭常用电器使用过程中简单的保养和维修方法，提升家政技能和实践操作能力，养成科学、规范地使用家用电器和勤于保养家用电器的良好习惯。增强劳动过程中安全保护意识和劳动质量意识，养成在劳动中不畏艰辛、勇于创造的精神。本节课着重讲解学生面临简单家用电器的元器件焊点出现问题后，如何采用五步法进行正确的电子焊接。本课需要 1 课时。

一、教学目标

（一）认识到电工工作的艰辛，懂得人人都要劳动、劳动带来美好生活的道理。

（二）能进行简单的电路布线，能正确运用五步法进行电子焊接，焊点呈亮色圆锥体，无桥接和虚焊，能分析焊点的质量及其形成的原因，养成安全规范的劳动习惯。

二、教学重点难点

（一）教学重点：掌握电子焊接的工艺（五步法）。

（二）教学难点：能利用五步法进行焊接，焊点呈亮色圆锥体，无桥接和虚焊，养成安全规范的劳动习惯。

三、教学方法

讲授法、练习法、演示法。

四、教学用具

（一）教具：PPT、投影、黑板、公用电源。

（二）学具：电烙铁、烙铁架、偏口钳、尖嘴钳、焊锡丝、试验板、LED、电阻。

五、学生情况

本课的教学对象是初二年级学生，他们已使用过面包板进行发光二极管的电路连接，学生已了解电子元器件的基本知识，使用过面包板插接元器件，具备一定的串联与并联电路搭接基础。但是从来没有动手进行过电子元器件的焊接实践，学生有一定期待和愿望。

六、教学过程

（一）引入

小明家里的一个电子门铃坏了，拧掉螺丝打开后盖，发现是由于时间太长，导致电线在电路板的焊点处断了，师问：如何解决呢？还能用我们之前学的面包板吗？

生答：不行，那个插来插去不牢固，连接不紧密。

师说：那怎么才能连接紧密又牢固呢？就要通过焊接来实现。电子工程师是我们社会中不可缺少的职业，小到电器维修、大到电路设计都离不开他。今天就让我们体验电子工程师的工作吧。

（二）焊接工具材料

1. 展示焊接的基质：电路板

这节课，我们用的是一种通用电路板——试验板，板分顶面和底面，板上均匀分布了很多孔，间距为 2.54mm，每个孔在底面上都有一个焊盘，焊盘之间是分开的，可通过自主布线实现电路连接。

2. 展示焊接工具：电烙铁、烙铁架。注意：不要烫到自己和周围的人；不要烫到烙铁电源线；不要烫到桌面。操作前必须断开电路。由于同学们年龄小，一般只做低压电器的维修，不做 220V 的电器维修。

3. 展示焊接材料：焊锡、松香、助焊剂

展示辅助工具：尖嘴钳、偏口钳、剥线钳、吸锡器、镊子、螺丝刀等。

设置意图：学习焊接材料和工具，理解其中原理，为后续操作做准备。

（三）焊接原理及方法

用高温将锡熔化，再冷却，将元器件引脚与焊盘、导线等牢固连接的方法。播放电子焊接五步法的操作视频。

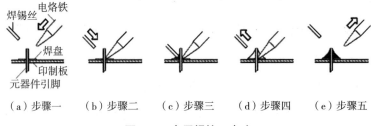

（a）步骤一　（b）步骤二　（c）步骤三　（d）步骤四　（e）步骤五

图 6-1　电子焊接五步法

焊接要求：元器件摆放规整、焊点外观标准，锡量适中，焊接牢固，无虚焊、冷焊等。

设置意图：学习焊接原理和焊接五步法，理解其中原理，为后续操作做准备。通过播放视频操作短片来演示焊接五步法的操作，突破难点。

（四）实践活动：修复焊接 LED 照明电路

1.流程：修整元器件引脚；将元器件引脚插入电路板，并进行布线；焊接元器件；制作接线柱，减去多余引脚。

2.教师指导焊接：学生按流程进行电路焊接。当有学生焊接方法错误、效果差时，进行分析、指导、演示。教师巡视。

设置意图：学生亲历操作过程，手脑并用，增强物化能力。

（五）焊接质量评价

教师巡视指导电路测试。引导学生分析灯不亮的原因，检查是否有桥接或虚焊的地方。

学生观察焊点，思考不合格焊点的形成原因。进行电路测试：用电源正负极分别接触电路两端，观察 LED 状态。

设置意图：从现象分析焊接过程中的问题。

（六）小结

总结五步法焊接的关键是：稳、热、熔。组织学生谈论制作过程中的经验和教训，总结归纳，同时提醒学生，任何操作前都要把电器断电，较为复杂和 220V 的电器要请专业人员维修。

学生清理垃圾、收拾交回工具。回座位等老师检查后下课。

七、学生评价

表6-3　初中电子焊接劳动项目课堂评价表

一级指标	三级指标（具体观察点）
劳动观念	认识到电工工作的艰辛，懂得人人都要劳动、劳动带来美好生活的道理
劳动能力	能进行简单的电路布线，能正确运用五步法进行电子焊接，焊点呈亮色圆锥体，无桥接和虚焊，能分析焊点的质量及其形成的原因
劳动习惯和品质	养成活动后主动打扫管脚等垃圾、收纳电子工具、关闭电烙铁的习惯　养成负责任的、安全操作的习惯
	面对困难不退缩，能耐心积极地完成焊接工作
劳动精神	精益求精、追求卓越的工匠精神

第四节　初识三维设计（新技术体验与应用 / 任务群）

　　义务教育阶段《劳动课程标准》中提到"新技术体验与应用"任务群要让学生掌握某项新技术的使用方法，知道其工作原理。能根据需要，使用某项新技术设计制作简单的产品模型或原型，并独立完成产品的技术测试。在劳动中能不断追求品质、精益求精。树立劳动光荣、技能宝贵、创造伟大的观念。本节课着重让学生体验 3D 打印技术和三维软件设计的便利。本课需要 4 课时。

一、教学目标

　　初步了解 3D 打印技术的概念和类型，感受新时代高科技劳动者的风采，形成劳动创造伟大的观念。会使用 3D 设计软件中的基本操作，如：基本实体、移动、缩放、加减交运算等，以及基本功能，如：拉伸、放样、旋转、抽壳、文字等功能，养成科学分析设计的劳动习惯。

二、教学重点难点

（一）教学重点：会使用 3D 设计软件中的基本操作和基本功能。

（二）教学难点：理解二维图形的封闭是拉伸的必要条件。

三、教学方法

讲授法、练习法、演示法。

四、教学用具

（一）教具：PPT、视频、投影、黑板、计算机、3D One 软件。

（二）学具：计算机、3D One 软件。

五、学生情况

学习本课学生为初三年级学生。当代社会科技制造加工业非常发达，学生对激光切割和 3D 打印等现代加工制造科技非常感兴趣，渴望了解它们的原理和基本使用方法。学生经过前面的学习掌握尺规作图的基本方法，尤其是三视图，有了一定空间想象力，对三维设计的学习有所帮助。

六、教学过程

（一）情景引入

播放一段视频，外科医生找到 3D 设计师，请他帮助设计一块个性化的骨骼，以便植入患者的骨头中。

设置意图：从情景出发，从劳动者出发，让学生感受到劳动的魅力和劳动创造伟大。

（二）三维打印技术的概念和主流技术

（1）概念：三维打印技术是指在计算机控制下，采用层层叠加材料的方式来制造三维物体的技术。

（2）3D打印的基本原理：建模、分层、输送、打印。

（3）3D打印的主流技术：光固化立体造型、三维固粉黏合、金属粉末融化冷却。消费级采用的工艺主要为熔融沉积成型FDM。

（三）3D打印机的优势及分类

（1）制造复杂物品（目前已显现）；

（2）产品多样化不增加成本；

（3）生产周期短（最大的优点）；

（4）零技能制造；

（5）不占空间、便携制造（战场、灾区）；

（6）节省材料；

（7）精确的实体复制（3D照相馆）。

3D打印机主要分类：商用级、工业级、生物级、消费级。

（四）三维设计软件的基本操作

1.3D One图标和界面介绍

2.3D设计——基本实体操作

6种基本实体的放置、参数调整、绿色为预览效果、绿勾的使用。基本实体的缩放、移动。基本实体的加、减、交运算。教师演示、板书。

3.3D设计——拉伸操作

以钥匙扣为例，做矩形和圆弧的二维草图拉伸。感受、理解二维草图与三维空间的区别。蓝白勾的使用。理解"封闭、单一图形"是拉伸的必要条件。会使用"修剪"功能剪去不必要的线条。如果拉起来是一个"围挡"状态，那就是有多余线条或者不是封闭图形。教师广播演示、板书。

4. 3D 设计——旋转和抽壳操作

以花瓶为例感受"旋转"功能。对花瓶进行抽壳操作。尝试不旋转360度。尝试给花瓶外面贴个皮，写上文字。教师广播演示、板书。

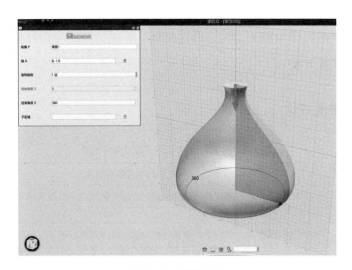

图 6-2　旋转操作

（五）实践活动

如何运用功能进行三维设计？

1. 先在纸上绘制草图。

2. 思考哪些地方可以用拉伸、旋转等基本功能。

3. 整体分析绘图的先后顺序再绘图。

绝对不能边想边画。

设计什么？

1. 你在前面进行设计三要素、画草图的方案。

2. 给定设计：便携速干牙刷架或握笔器。

教师巡视、个别指导。

（六）展示分享

部分同学展示自己的设计，分享自己的设计过程、遇到的困难和主要经验。同学互相交流。教师点评优缺点。

（七）小结

总结要点。学生整理工具、收拾垃圾，养成良好的劳动习惯。整理好后方离开教室下课。

七、学生评价

表 6-4　初中学生 3D 设计课堂学生评价表

一级指标	三级指标（具体观察点）
劳动观念	初步了解 3D 打印技术的概念和类型，感受新时代高科技劳动者的风采，形成劳动创造伟大的观念
劳动能力	会使用 3D 设计软件中的基本操作，如：基本实体、移动、缩放、加减交运算等，和基本功能，如：拉伸、放样、旋转、抽壳、文字等功能
劳动习惯和品质	养成下课时主动关闭电脑、整理桌面的习惯 养成科学分析设计的劳动习惯
	面对困难不退缩，能耐心积极地完成 3D 设计任务
劳动精神	弘扬开拓创新、砥砺奋进的时代精神

第五节　小铝锤的制作（职业技术基础/模块）

2020 年教育部颁布的《普通高中课程方案》中明确指出，高中劳动共 6 学分，其中志愿服务 2 学分，在课外时间进行，3 年不少于 40 小时；其余 4 学分内容与通用技术的选择性必修内容以及校本课程内容统筹。本教学设计就是与通用技术的选择性必修内容《职业技术基础》模块统筹。要摒弃"在技术课中只教技术知识技能"的落后观念，要积极响应国家对青少年进行劳动教育的要求，让学生动动手、出出汗，感受劳动者的严谨细致、精益求精、追求卓越的精神。这个项目也是我校新开发的项目，在师训和大学金工实习中用的是小铁锤项目。但在高一阶段，学生年龄相对较小，铁块质硬不易加工，因此我们特别定制了铝块进行加工，硬度合适，课时长度也合适。本教学设计涉及 2 课时。

一、教学目标

认识金属加工技术是推动人类社会发展的重要力量；感受钳工劳动者的劳动情怀、荣誉感和自豪感。分析小铝锤的加工工艺流程。识读小铝锤加工图，掌握金属划线、锯割、锉削和攻丝套丝工艺，养成安全、良好的技术使用习惯。能使用划针、钢锯、金属锉、板牙、丝锥等工具在 2 节课内容完成小铝锤的锤头、锤柄和螺纹等加工，养成严谨细致、精益求精的工匠精神。

二、教学重点与难点

（一）教学重点：掌握锯割、锉削和攻丝套丝的金工工艺。
（二）教学难点：攻丝中丝锥与丝锥扳手的加持。

三、教学方法

讲授法、演示法。

四、教学用具

（一）教具：PPT、投影、演示视频。

（二）学具：钢锯、划针、金工锉、80mm×16mm×16mm 的铝制锤头，直径 8mm、长 250mm 的铝制锤柄。

五、教学过程

（一）金属的性能与选择

师问：金属材料的特性有哪些？师问：我们能加工常见的哪些金属？

（二）金属材料的作用

师问：金属在生活中能做什么用？

设置意图：让学生回顾金属特性，思考能加工哪些常见金属和金属的作用进入本课主题。

（三）从大国工匠看"金工工艺"

1 丝是多少毫米？现代工业发达也需要徒手进行金属加工吗？请同学们带着这两个问题观看视频。教师播放《大国工匠——钳工顾秋亮》视频片段。1 丝是 0.01 毫米，希望同学们学习顾秋亮的工匠精神，就是精益求精、耐心恒心。

设置意图：通过大国工匠视频让学生认识到即使在现代工业社会也需要徒手加工，让学生学习顾秋亮的精益求精的精神。

（四）金工工艺工具概述

1. 划线方法

在木板上划线可以用铅笔，但是在金属上不能用铅笔，要用划针，它像笔一样，只是全是金属，划规同理。

2. 锯割方法：两脚前后分立，两手前后握持，前后运动推拉；

3. 锉削方法：同上；

4. 钻孔方法（略）；

5. 连接方法（粘接、铆接、焊接、螺丝连接等）；

6. 表面处理（略）。

设置意图：先对金工工艺有一个整体的认识，可以类比木工工艺。为下面具体操作做铺垫。

（五）小铝锤项目介绍

（1）丕件：80mm×16mm×16mm 的铝块（锤头），直径 8mm、长度 250mm 的铝棒（锤柄）。

（2）设备：台钳。回车换行另起一行设置意图：对小铝锤项目有基本的了解，为下面的制作做铺垫。

（六）小铝锤制作过程

1. 识图

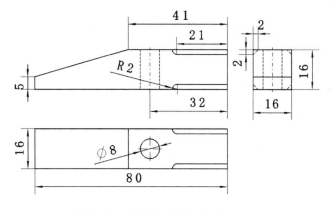

图 6-3　小铝锤加工图（单位：mm）

2.划线

注意笔怎么用，划针就怎么用，稍加用力。如果划错，可改用背面。

3.锯割

观看锯割操作演示视频，强调起锯角度小，借助大拇指，行锯双手、双脚的位置，行锯过程中观察划线位置。收锯要慢。

4.锉削（略）。

设置意图：学习锤头的制作工艺，为下面学生操作打下基础。

（七）实践活动

2人一组加工锤头，操作流程和评价标准如下：

1.识图按尺寸用划针划线。

2.锯割留余量，大拇指卡边锯缝，双手锯割长行程，误差在1毫米。

3.锉削边缘光滑、无毛刺。

4.能在40分钟内完成。

设置意图：让学生出出力、出出汗，感受劳动的艰辛。

（八）套丝

就像生活中的螺丝螺母，锤头和锤柄需要制作螺纹才能拧在一起连接紧固。套丝是螺丝外制作外螺纹的操作。套丝的工具叫：板牙、板牙扳手；使用型号：M8-1.25。技巧：套丝的技巧与攻丝类似，关键是要保持水平，转1圈返回半圈。提问：套丝长度由什么决定？

（九）攻丝

攻丝是在螺母通孔内制作内螺纹的操作。攻丝使用的工具叫丝锥、丝锥扳手。使用型号：M8-1.25。技巧：与套丝雷同。注意丝锥的安装方法，四棱柱对应四边形缺口。

图 6-4 丝锥安装要点

提问：应在锤头哪一面进行攻丝？

设置意图：讲解攻丝套丝制作过程，通过播放视频突破操作难点。

考题练习：2017 年选择题 7。如果在该孔上要加工 Φ14 的内螺纹，必需的工具是【 】A. 板牙　B. 丝锥　C. 手摇钻　D. 凿子

设置意图：即讲即练，强化学生理解认知。

（十）实践活动

学生加工螺纹，提醒学生佩戴护目镜、手套。教师进行巡视、个别指导。

设置意图：学生只有亲身体验，进行劳动，才能感受到劳动的艰辛。

（十一）评价标准

（1）能在锤柄上较顺畅地装卸锤头，较紧固；

（2）锤头和锤柄边缘要倒角、锉削得较为圆滑，以免扎到人。

（十二）总结展示

总结金工工艺操作、请同学们说说操作中的困难、是如何解决的？收拾工具、清理垃圾。

设置意图：在学生展示叙述的过程中，可以体现学生的劳动观念。在

整理收纳的过程中，可以让学生养成良好的劳动习惯。

六、学生评价

表6-5　高中小铝锤项目学生课堂评价表

一级指标	三级指标（具体观察点）
劳动观念	认识金属加工技术是推动人类社会发展的重要力量
	感受钳工劳动者的劳动情怀、荣誉感和自豪感
劳动能力	分析小铝锤的加工工艺流程。识读小铝锤加工图，能使用划针、钢锯、金属锉、板牙、丝锥等工具在2节课内容完成小铝锤的锤头、锤柄和螺纹等加工
	能在锤柄上较顺畅地装卸锤头，较紧固；锤头和锤柄边缘要倒角、锉削得较为圆滑
劳动精神	感知爱岗敬业、甘于奉献的劳模精神
劳动习惯和品质	养成活动后主动打扫金属碎屑、收纳金工工具的习惯；养成负责任的、安全操作的习惯
	面对困难不退缩，能耐心积极地完成小铝锤制作工作

第六节　简易桥梁的设计制作（工程设计基础／模块）

2017年教育部颁布的《普通高中课程方案》中明确指出，高中劳动有4学分内容与通用技术的选择性必修内容以及校本课程内容统筹。本教学设计就是与通用技术的选择性必修内容《工程设计基础》模块统筹。本教学设计约需8课时。

一、教学内容分析

本主题单元教学运用工程设计项目——以简易桥梁模型为载体，通过桥梁情景问题引入启发学生系统分析比较权衡进行创新设计，通过绘制三视图进行图样表达，用 ABS 管材制作提升物化能力，使学生逐步生成学科核心素养。

二、学生情况分析

学生在前面的必修课程中学习了结构、流程、系统的基本概念，学生对以上三个概念也是有感性认识的，从生活经验中，学生也具备一定的结构、流程和系统的相关知识储备。桥梁是生活中学生经常能看到的、与初中知识经验联系紧密的工程设计项目，学生对于进一步研究制作自重极轻而承重能力极强的桥梁这种挑战性的项目是有浓厚兴趣的。

三、教学重点难点

（一）教学重点：简易桥梁模型的制作。

（二）教学难点：应用系统分析方法设计一个重量最低的桥梁模型。

四、教学方式

讲授法、演示法、实验法。

五、技术准备

（一）多媒体：计算机、学案、投影机、课件、视频、图片、展台。

（二）教具：PPT、计算机、投影等。

（三）设备材料：计算机 20 台、西点桥梁软件、ABS 管材、刻刀、承重测试仪、三秒胶。

六、教学目标

（一）运用桥梁设计软件在 20 分钟内设计能安全通过一辆卡车而自重最轻的桥梁，感受理解系统基本特性，掌握简单系统分析和系统设计的基本方法，增强系统与工程思维的能力。

（二）理解流程及其环节、时序的含义，识读和绘制简单的项目流程图。

（三）按照设计要求进行桥梁结构模型设计，并在 30 分钟内绘制规范的三视图等技术图样。

（四）运用 ABS 材料的加工方法和工具使用方法，在 60 分钟内制作出简易桥梁模型，并进行承重技术测试，撰写简单的技术测试报告，养成安全劳动的习惯。

七、教学过程

（一）情景引入

桥梁是我们生活中常见的结构，北京有很多立交桥，还有很多跨河和跨海的大桥，为我们的社会生产和交通提供了很多便利，同学们能不能举出一些在你头脑中特别经典的桥梁案例？学生说到赵州桥和港珠澳大桥等。这些庞大复杂的桥梁都是人类几百年来不断总结经验教训，才能建造出越来越安全、稳定、牢固的桥梁，下面我们来看一个桥梁事故的案例。

（二）提出任务

设计一座自重轻、承重能力强的简易桥梁模型。

（三）设计要求

桥梁模型最大自重不超过 50 克；桥梁长度不小于 240mm；桥面宽度为

70mm，桥面中央应有可供支撑的平面（70mm×30mm）。桥梁结构需支撑在测试台测试块上，不得接触测试台中间区域（200mm 宽）。

（四）项目流程

1. 流程、时序、环节的概念。

2. 流程优化的类型、条件、意义。

（五）成组定题

1. 两人形成一个小组。

2. 根据设计要求、结构强度和稳定性的规律，参考往届作品，学生讨论、分组、画草图。

设置意图：通过情景引入，调动学生思维，吸引学生注意力，让学生的思维进入桥梁这样一个情景中，便于学生更加积极地进行设计。让学生明确设计任务和设计要求。

（六）情景引入

生活中常见的桥梁也是一个系统，为人类的社会生产和交通提供便利，尤其是在山谷间搭建桥梁系统更为复杂，我们来看看 19 世纪工程师埃芬设计的加伦比拱桥。

通过视频我们了解到，如何能像埃芬一样设计一座既节省材料又安全的桥梁呢？

设置意图：让学生在创设的情境思考，启发学生深入思考。感受桥梁工程师的劳动者魅力，懂得劳动创造美好生活。

（七）系统的基本特性

1. 系统的整体性

系统是一个整体，它不是各个要素的简单相加，系统的整体功能是要各要素在孤立状态下所没有的。软件中设计好的各个杆形成桥梁的功能是杆在孤立状态下没有的，远大于相加的效果。

设置意图：通过认识西点桥梁软件中的界面、杆与支点的关系，初步知道整体性概念。

2. 系统的相关性

相关性是指系统的各要素之间或系统整体或部分之间的相互作用、相互联系。在西点桥梁软件中演示桥梁模型动画，感受系统中杆与杆之间彼此拉拽、共同承受力的系统相关性。

图6-5　在西点桥梁软件中体验系统的相关性

设置意图：通过认识西点桥梁软件中的动画测试的位置功能，初步理解相关性概念。

3. 系统的目的性

任何系统都具有某种目的。我们的设计目的就是应用系统分析方法基于现有模板改进设计一个费用最低的桥梁系统。

设置意图：通过认识西点桥梁软件中的成本功能，初步理解目的性概念。

4. 系统的动态性

事物都是不断变化，改变了桥梁系统中任何一根杆的粗细，不光这根杆，连同周围杆和整个桥梁的受拉受压情况都会随时动态变化，在数据区域可以看到。

设置意图：通过认识西点桥梁软件中的数据功能，初步知道动态性概念。

5. 系统的环境适应性

一个系统与其所处的环境之间通常都有物质、能量和信息的交换，外界环境的变化会引起系统特性的变化，并引起系统功能和系统内各部分相互关系的变化。在桥面的连接处，一般都设置了灵活的"金属关节"或缝隙，让桥梁系统更加适应。

（八）系统分析操作——课堂实践任务，时间 20 分钟

应用科学系统分析方法基于现有模板（第 3 个梁式桥、第 5 个拱桥、第 7 个斜拉桥）任选一个改进设计为成本最低（自重最低）的桥梁模型。并总结其规律。教师巡视、个别指导。

设置意图：学生亲身经历桥梁系统的设计实践，加深对系统五大基本特性的体验和理解。

（九）分享总结

组织学生代表分享、交流、反思桥梁设计的关键点，总结桥梁系统的设计规律。分享成功的经验、失败的教训，总结桥梁系统的设计规律。总结归纳学生在桥梁设计过程中体会到的系统的五个基本特性。总结归纳系统分析的一般步骤。

设置意图：从系统协调的角度进行原因分析。总结本节课知识技能要点，引发学生对下一节课的兴趣和思考。

（十）明确设计细节后，学生在坐标纸上等比例绘制简易桥梁的三视图。为后面制作做准备

图 6-6　学生绘制桥梁的三视图

设置意图：应用三视图的操作技能，明确设计细节，以等比例三视图形式，完成桥梁的具体设计方案。

（十一）制作要点

1. 材料的划线：把 ABS 管放到等比例图纸上，用铅笔划线。

2. 材料的切割：用刻刀划出痕迹，用手掰断 ABS 材料即可，特别边缘的部分切割可以使用热丝切割机。

图 6-7　学生使用 ABS 管制作桥梁模型

3.材料的打磨：用砂纸将毛刺边缘打磨光滑。

4.材料的黏接：按照图纸中自己设计的连接方式，用三秒胶涂抹接触面，按压 30 秒即可。

设置意图：讲授示范 ABS 的划线、切割、打磨和黏接方法，重点强调操作安全要点，提高学生安全意识。

（十二）承重测试

讲解技术试验方法：包括模拟试验法、虚拟试验法、强化试验法、移植试验法等。讲解测试要点和流程：用手机拍照桥梁模型；用秤测桥梁模型自重；然后上测试仪进行测试，一定要戴护目镜！直至桥梁断裂，记录最大承重，计算承重比。

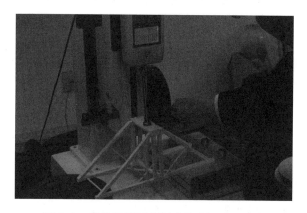

图 6-8　学生使用压力测试仪进行承重测试

（十三）反思撰写试验报告

组织学生进行小组内讨论、组间展示，分析桥梁模型断裂的原因并填在手册第 3 页相应位置。从设计和技术两个角度去分析反思桥梁设计和制作的问题。

设置意图：将技术试验方法一节内容融入本主题单元内容，有利于学生在具体项目技术试验过程中学习，而不是枯燥地学习知识。让学生感受技术试验的重要性，并根据试验结果反思自己设计和制作中的问题。

八、学生评价

（一）评价方式

本主题单元教学内容的评价方式采用工程思维、创新设计、图样表达、物化能力、承重测试等几个维度从师评和互评两个角度结合的方式来进行。

（二）评价量规

表 6-6　高中劳动简易桥梁设计与制作活动的评价表

序号	项目	A	B	C	自评
1	工程思维	说出并能举例系统的五个特性和系统分析。理解时序和环节的概念	说出并能举例系统的五个特性，大致说出什么是系统分析	只能说出系统的五个特性名称。知道时序和环节的概念	
2	创新设计	在价格最低桥梁设计中的前 20% 学生	在价格最低桥梁设计中的中间 60% 学生	在价格最低桥梁设计中的后 20% 学生	
3	图样表达	线条、视图和尺寸标注规范，布局合理，图样清晰	线条、视图和尺寸标注较规范，布局较合理，图样较清晰	线条、视图或尺寸标注有错误，布局较合理，图样不太清晰	
4	物化能力	能正确使用工具按设计要求和图纸在规定时间内对材料进行加工，顺利制作出结实的桥梁模型	较正确地使用工具按设计要求和图纸对材料进行加工，顺利制作出较为结实的桥梁模型	能使用工具对材料进行加工，制作出桥梁模型	
5	承重测试	承重比高于 800	承重比为 300 至 800	承重比低于 300	

第七章
中学劳动教育的活动案例

课堂并不是培养学生劳动课程核心素养的唯一土壤。劳动教育强调"家、校、社会"形成合力。除了学校要发挥主导作用外，家庭还要发挥基础性作用，社会要发挥支持性作用。家庭是劳动教育的重要场域，也是学生自理自立劳动的重要学习实践阵地。社会是学生进行公益劳动、志愿服务实践以及现代服务业的场地。

除了课堂之外，还要在劳动教育不同场域的活动中使得学生树立正确的劳动观念、让他们养成良好的劳动习惯和品质、培养他们的劳动精神。本章提供了一些劳动教育的活动案例。

第一节 "创造创新"劳动周（校园劳动周）

义务教育阶段《劳动课程标准》中提到"劳动周"是指每学年设立的、以集体劳动为主、具有一定劳动强度和持续性的课外、校外劳动实践时间。劳动周的设置丰富、拓展了劳动教育的实施途径，有助于发展学生的劳动意识与能力，打通学校与社会的联系，发挥劳动教育的综合育人价值。劳动周的主题选择要注重价值引领，以学生的生活实际和社会生产实际为出发点，具有半开放性，体现劳动任务的持续性，注重传统技术和现代科技相结合。劳动周内容设计要注重劳动任务的序列化、劳动任务的综合化、劳动任务的科学化、劳动任务形态的多样化。劳动周要提前进行周密的计划和组织动员，切实保障学生在劳动过程中的安全。劳动周活动安排的主体应该是以主管校长牵头、教育处、班主任、劳动课教师共同参与的学校劳动教育管理机构，做好分工。本活动整体需要 5 天。

一、"创造创新"劳动周的设计背景

发明创新是当代科技不断发展的源泉，高中生与初中小学生不同，他们思维活跃，知识面较宽，处于创新思维发展的高峰期，渴望接触社会，了解现代科技创新发展及企业运营现状，有助于他们进行职业规划，实现人生理想。劳动节前夕，学校设计了"创造创新"劳动周，正值期中考试之后，此时教师正在进行繁忙的阅卷工作，又与五一长假相连，可以组织学生开展近一周的课外和校外系列劳动活动，宣传最美劳动者，培养学生"劳动光荣、创造伟大"的观念。

二、"创造创新"劳动周的设计目标

通过全程参与各种形式的以"发明创新"为主题的劳动活动，了解创新创造的基本知识和方法，进一步感受企业创新生产劳动的流程和机制，体会其中的艰辛和愉悦，更加懂得珍惜劳动成果，体验创造创新劳动，养成安全劳动、规范操作的劳动习惯和品质，初步形成一定的创造创新成果。

三、"创造创新"劳动周的组织安排

（一）提前对学生做好广泛宣传

将"创造创新"劳动周的目的与意义及重要安排在 4 月中旬的校会上向所涉及的年级和班级进行宣讲，进一步明确学生需要做什么。

（二）提前与校外机构做好沟通

教育处提前与涉及校外活动的企业沟通，细化活动的细节流程，如乘车方案、紧急撤离路线等。加强校外活动的安全管理，提前购买相关保险。

四、"创造创新"劳动周的内容实施

（一）2022 年 4 月 28 日：上午在学校礼堂组织"大国工匠进校园"讲座，邀请北京市劳动模范以及在企业科技创新方面的能手专家为学生举办讲座。让学生首先对企业运营方式有所了解，认识到在企业中的工艺和材料要不断创新，才能为企业发展赢得先机，感受创新创造这种现代企业劳动的重要形式，为后续到企业参观打好认识基础。

（二）2022 年 4 月 29 日：下午在校园中心广场进行职业嘉年华体验活动，10 余家来自国有银行、高新科技企业、互联网公司、咨询公司的企业代表或人事经理来到学校，学生到自己感兴趣的企业展位前了解职业岗位工作内容及需要掌握的相关知识技能，感受现代企业运营规律。为下一步实地参观打下基础。

（三）2022 年 4 月 30 日：上午在报告厅举行高中学生小发明成果汇报，来自高二年级的 6 名学生都带上自己获得北京市青少年科技创新大赛的获奖作品，为高一全体学生介绍自己的发明项目，重点介绍如何发现技术问题和如何巧妙设计方案解决现有技术问题。下午，在学校四季厅进行科技展品体验活动。

（四）5月1日：校外参观活动，上午安排到望京爱慕集团，了解现代企业科技创新成就，参观企业科技转型展览，亲手体验相关生产创新环节。明确任务要求，在劳动中，熟悉加工工作的标准，了解主要工具和使用方法。下午到望京安东石油企业公司，进一步习得劳动技能，强化质量意识，学习科学生产的方法，感受劳动过程中分工与合作的重要性。体验现代劳动形态，培养专心致志、兢兢业业的劳动品质，体悟劳动工具革新的重要性。

（五）5月2日：居家撰写劳动周的相关体会，汇集照片资料，编辑视频介绍，完善汇报 PPT，为劳动节后返校做好总结、交流劳动周感想的准备，感受劳动成果的多样性，形成珍惜劳动成果的劳动品质。

五、"创造创新"劳动周的展示评价

五一长假回到校园后，可以利用班校会时间或劳动课时间，由教育处、班主任或劳动课教师组织学生进行"创造创新"劳动周的活动情况展示、交流活动经验、分享劳动成果。展示形式可以是图文汇报、Vlog 视频、相声、诗歌、课本剧等，尽量丰富多彩。

六、学生评价

表 7-1 "创新创造"劳动周活动的评价表

一级指标	三级指标（具体观察点）
劳动观念	进一步感受企业创新生产劳动的流程和机制，体会其中的艰辛和愉悦，更加懂得珍惜劳动成果

一级指标	三级指标（具体观察点）
劳动能力	通过全程参与各种形式以"发明创新"为主题的劳动活动，了解创新创造的基本知识和方法，体验创造创新劳动，初步形成一定的创造创新成果
劳动习惯和品质	养成安全劳动、规范操作的劳动习惯
	面对困难不退缩，能有序耐心积极地完成创造创新体验活动
劳动精神	弘扬开拓创新、砥砺奋进的时代精神 感知爱岗敬业、甘于奉献的劳模精神

第二节　书柜与衣柜的整理（整理与收纳／任务群）

义务教育阶段《劳动课程标准》中提到"整理与收纳"任务群要让学生能对居室和教室的美化提出具有一定创造性的解决方案，制订合理的实施方案，并能安全规范地加以实施，发展自我管理与缜密筹划的能力。理解劳动对于个人生活、集体建设的意义，懂得劳动创造美好生活的道理，养成认真细致地进行整理与收纳的习惯和品质。本节课着重讲解家庭中学生房间常见的书柜和衣柜的整理与收纳，并要求学生在家中家长的监督下完成。本活动需要 2 小时。

一、活动目标

（一）认识到家务劳动的艰辛，懂得人人都要劳动、劳动带来美好生活的道理，树立自己的事情自己做的观念。

（二）能根据书柜和衣柜整理收纳的原则和方法，独立完成书柜和衣柜的整理，并养成定期整理的习惯。

二、活动重点难点

（一）活动重点：书柜和衣柜整理收纳的原则和方法。

（二）活动难点：独立完成书柜和衣柜的整理，并养成定期整理的习惯。

三、活动场地

教室、家中书房或卧室。

四、活动用具

（一）教具：PPT、投影、黑板、各型衣物若干、书柜。

（二）学具：各型衣物若干、书柜。

五、学生情况

本活动的教学对象是初一年级学生，他们已具备一定的生活自理能力。有些学生平时也能自己整理书柜和衣柜，有些同学则比较懒，依赖父母去整理。本次活动要教给学生整理书柜和衣柜的方法，让愿意整理的学生掌握方法，同时更要让不愿意整理的学生树立正确的劳动观念，自己的事情自己做。有的学生虽然会自己整理，但并没有掌握正确整理的原则和方法，学生有一定的学习愿望。

六、活动过程

（一）引入

劳动课分为家庭劳动、生产劳动、服务性劳动三类。请同学们回顾我们学过了哪几类劳动中的什么内容？

生答：工业生产劳动中的四巧板、手机支架。

师说：非常好，那么现在我们都是居家线上教学了，我们要转入家庭劳动的内容，我想问问同学们，你们的书柜都是自己整理吗？你们的衣柜里的衣服都是自己整理吗？

生答：有的说是，有的说是家长整理。

师说：我们已经是中学生了，学业更加繁忙、书籍更多，另外我们的身体进入青春期，身体发生了很大变化，更不能再让父母帮忙整理衣柜，自己的内衣袜子要自己整理。自己的事情要自己做，今天我们就来学习书柜和衣柜的整理。

设置意图：回顾前面课程内容，提出问题，引发学生思考，同时能快速了解学生书柜、衣柜整理的现状。

（二）书柜的整理

1. 书柜规划收纳与整理原则

根据使用频率结合书柜的高低档位进行规划；根据教辅、杂志、文学等进行分类摆放；请你说说你的书籍分类情况和数量情况，观察并拍照整理前的书柜。

2. 实践活动：按照以上原则开始整理自己的书柜

按"保留""储藏""送人""垃圾"四个标签进行快速分类。同时，清理书柜上的杂物，如相框等。

3. 分享：展示整理前后的书柜及分享整理过程的经验和教训

设置意图：书柜是学生经常使用的书籍储藏物品，整理书柜较为简单，为后续整理衣柜做好铺垫，由易到难。

（三）衣柜的整理

1. 衣柜整理收纳的原则和流程

发现问题分析问题—清空衣柜—按需取舍进行分类—衣服叠法—规划空间—整理放置衣服。

2. 衣柜的规划原则

我们可以把不太常用的衣物放在衣柜上方，较为常用的衣物放在衣柜下方收纳，便于取用。合理安排优化配置，降低常用物品的取放难度。

案例分析：请你看看小明的衣柜规划有什么问题？请你根据规划原则，结合生活实际，分析案例中的衣橱收纳规划方案的亮点与不足。

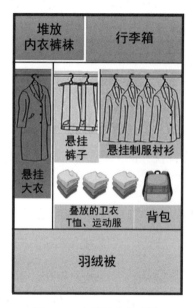

图 7-1　小明的衣柜现状

3. 叠放衣服的方法——捆卷方法

捆卷是一种方便好找的叠衣方法，通过观看视频来看一看具体的操作方法。

练一练：请同学们从衣柜中拿出一些衣服进行练习。

4.内衣收纳方法——采用挂式收纳袋、内衣裤袜收纳盒等进行收纳

设置意图：讲解衣服收纳整理的方法，通过视频来突破捆卷的教学难点。

（四）实践活动

根据规划原则动手整理自己的衣橱收纳空间；注意：遵守下重上轻原则，防止倾倒，保护安全；利用率高的在中间，取用便利；采用收纳盒、收纳袋集中收纳；对内衣和袜子及夏季 T 恤进行捆卷。

设置意图：即讲即练，让学生动起手来参与到劳动中，提高劳动能力，端正劳动观念，感受家务整理的不易。

（五）展示交流

邀请 2 组学生打开摄像头展示介绍自己在整理收纳衣柜的经验和困难，大家互相交流。

设置意图：在疫情期间开展本次活动，通过摄像头，教师能观察到学生即讲即练动手劳动的情况，便于及时交流总结学生在劳动中的困难和问题。

（六）小结

从收纳衣物开始，学会整理空间、管理时间，树立正确的劳动观念，养成良好的生活习惯，转变思维方式，体会劳动的幸福。

七、学生评价

表 7-2　初中劳动书柜与衣柜收纳整理活动的评价表

一级指标	三级指标（具体观察点）
劳动观念	认识到家务劳动的艰辛，懂得人人都要劳动、劳动带来美好生活的道理，树立自己的事情自己做的观念
劳动能力	能掌握书柜和衣柜整理收纳的原则和方法
	能在规定时间内独立完成书柜和衣柜的整理
劳动习惯和品质	养成活动后清理旧书旧衣、回收循环利用的习惯 养成定期整理的习惯
	面对困难不退缩，能有序耐心积极地完成整理
劳动精神	领会"劳动是一切幸福的源泉" "幸福是奋斗出来的"的内涵与意义

第三节　制作西红柿炒鸡蛋（烹饪与营养 / 任务群）

　　义务教育阶段《劳动课程标准》中提到"烹饪与营养"任务群要让学生能根据家庭成员实际需求设计食谱、合理搭配饮食，在制作菜肴的过程中进一步掌握日常烹饪技能，形成健康生活的理念和基本自理能力。理解劳动对于个人生活、家庭幸福的意义，懂得劳动创造美好生活的道理。劳动教育活动的目的不是培养学生当厨师，而是因为每个人都要有基本的烹饪能力和营养学知识，这也是基本的生活自理能力。所以本次活动不仅仅着重讲解学生进行西红柿炒鸡蛋这个家常简单菜的烹饪流程和技巧，还要讲不同食物的营养特性。本活动需要 1 小时。

一、活动目标

（一）认识到父母每天做饭的艰辛，懂得人人都要劳动、劳动带来美好生活的道理。

（二）认识西红柿和鸡蛋的营养及加工特点，理解合理膳食搭配，能独立完成西红柿炒鸡蛋，味道较好，能分析味道不佳的原因，养成安全规范使用厨具的劳动习惯。

二、活动重点难点

（一）活动重点：理解合理膳食搭配，能独立完成西红柿炒鸡蛋。

（二）活动难点：能独立完成西红柿炒鸡蛋，能分析味道不佳的原因。

三、活动场地

学校烹饪活动室或家庭厨房。

四、活动用具

（一）教具：PPT、投影、黑板、公用电源、烹饪工具设备。

（二）学具：烹饪工具设备、西红柿2个、鸡蛋3个。

五、学生情况

本活动的教学对象是初一年级学生，一些学生偶尔会参与父母的做饭过程，会打打下手，个别学生已经掌握了基本的烹饪技巧。部分学生没有独立完成过西红柿炒鸡蛋的完整过程。学生对本课有一定期待和动手烹饪的愿望。

六、活动过程

（一）膳食与营养

人的膳食结构包括碳水、蛋白质和脂肪，人的膳食结构必须均衡才能健康。西红柿是碳水、鸡蛋含有蛋白质，通过油炒又有了脂肪，这就是为什么西红柿炒鸡蛋是一个家常菜。这个菜的来源非常容易得到。西红柿在我国广泛种植，含有丰富的维生素 A 及维生素 C，鸡蛋很方便购买，我国一年生产 6000 亿只鸡蛋，成为百姓餐桌上最常见的烹饪材料。

设置意图：认识摄入食物的基本类型，了解合理的膳食结构，能举一反三。

（二）准备和处理食材

1. 西红柿：择 2—3 个西红柿，清水洗净去叶，用刀切若干块并切去蒂部，装盘备用。

2. 鸡蛋：择 2—3 个鸡蛋，去壳全部都打进碗中，然后用筷子将鸡蛋黄与透明的鸡蛋白微微混匀以后，加进适量的食用盐进行调味，然后再将鸡蛋充分地搅拌均匀，在搅拌得差不多以后，再放进适量的酱油或盐，用量按照自己口味喜好来定。然后将鸡蛋再搅拌几分钟，直到它已经混匀为止。

设置意图：烹饪技巧固然重要，但食物的选材和备菜也是十分讲究的，这样才能烹饪出更好的味道。

（三）炒制过程

1. 炒鸡蛋

起锅倒进适量的食用油，然后中火将油烧到六成热，看见油面起了青烟以后，就把鸡蛋液全部都倒进锅中，用锅铲不断翻炒，直到鸡蛋液逐渐凝固，然后将它铲成小块，等到鸡蛋块成熟以后，将香葱和鸡精加进锅中，盛出来备用。

2.炒西红柿

另起锅倒进适量的食用油，然后中火将油烧到六成热，放入点葱粒，然后把西红柿块全部都倒进锅中，用锅铲翻炒，让西红柿块与油充分融合。放入少许白糖，中和西红柿的酸味。

3.合并煸炒

煸炒一会儿西红柿就可以放入之前炒好的鸡蛋，一起继续煸炒，收汁。可以用锅铲或筷子尝一下汤汁的咸淡味道。如果太淡，可以加少许盐或酱油；如果太咸或太酸，可以放少许白糖。最后关火，即可装盘。

设置意图：教师讲解炒制过程，点出难点和要点，为学生后续自己操作打好基础。

（四）实践活动：学生炒西红柿和炒鸡蛋

1.流程：备菜—炒鸡蛋—炒西红柿—合并煸炒。

2.教师指导：学生按流程进行西红柿炒鸡蛋。当有学生流程错误、方法错误或不会时，进行分析、指导、演示。教师巡视、个别指导。

设置意图：学生亲历烹饪过程，感受劳动艰辛和愉悦。

（五）菜品评价与分享

学生派代表品尝各组的菜品，如何评价呢？可以从色、香、味三个方面，看外表是否红黄鲜亮，香气扑鼻，味道是否咸淡适宜。

设置意图：学生互相品尝味道，进行互评，实现多元主体评价。同时，分享烹饪过程的经验和不足，不断反思，提高劳动能力。

（六）小结

总结西红柿炒鸡蛋的基本流程和注意事项，指出炒家常菜的基本流程。能否炒肉丝芹菜？爸爸妈妈平时给我们做一日三餐非常不容易，要懂得感恩，要利用寒暑假为爸爸妈妈做一两个菜。拓展作业：请通过互联网查找一个当地特色菜并分析其饮食文化传统及原因。

设置意图：通过一道家常菜让学生能举一反三，掌握各种家常菜的基本烹饪流程。同时懂得感恩，还能通过互联网查找学习当地特色菜的文化根源。

七、学生评价

表7-3　初中劳动西红柿炒鸡蛋活动的评价表

一级指标	三级指标（具体观察点）
劳动观念	认识到父母每天做饭的艰辛，懂得人人都要劳动、劳动带来美好生活的道理
劳动能力	知道西红柿和鸡蛋的营养及加工特点，理解合理膳食搭配
	能独立完成西红柿炒鸡蛋，味道较好，能分析味道不佳的原因
劳动习惯和品质	养成活动后主动打扫卫生、收纳工具的习惯 养成安全规范使用厨具的劳动习惯
	面对困难不退缩，能有序耐心积极地完成本菜
劳动精神	领会"劳动是一切幸福的源泉"的内涵与意义

第四节　新书上架（公益劳动与志愿服务 / 任务群）

义务教育阶段《劳动课程标准》中设置了"公益劳动与志愿服务"任务群。内容要求学生结合公益劳动与志愿服务的劳动需求，了解公益劳动与志愿服务的具体内容、服务形式、服务过程。初步形成对学校、社区负责任的态度和社会公德意识，增强社会责任感。活动建议中提出，建议充分利用校园环境、学校食堂后厨及图书馆等空间，结合所在学校的服务需求，设置相应的服务性劳动任务，让学生在参与服务性劳动的过程中，体验公益劳动与志愿服务的特点。本活动就是依据义务教育阶段《劳动课程标准》探索在社区图书馆中指导学生进行新书上架志愿服务劳动。本次活动约需 1 小时。

一、活动内容分析

本活动内容主要从讲解一本新书从购入到上架的基本流程展开，包括查重、盖章、贴条码、贴防盗磁扣、编目、著录、印书标、贴标上架等环节。重点学习中图分类法，并通过把新书上架或归还的图书分类上架的志愿实践活动，体验劳动实践、服务他人的快乐，养成爱惜图书、主动奉献的精神。

二、学生情况

高一年级学生正处在世界观形成的重要时期，初步有为学校服务、为他人服务的意识，但缺乏服务他人的知识技能。图书馆是学校和社区常见的服务机构。学生渴望了解一本新书是如何进入图书馆完成上架工作的，也愿意为学校或社区其他学生进行还书上架提供志愿服务。

三、活动场地

学校或社区图书馆。

四、活动准备

图书若干本，书架，中图分类法大类与字母对照表。

五、活动目标

（一）认识到书籍是人类的精神食粮、是人类文明延续的营养，养成在日常使用中爱护图书的良好行为习惯。

（二）知道书籍入库上架的主要流程包括查重、盖章、贴条码、贴防盗磁扣、编目、著录等环节。

（三）知道中图分类法，通过识别图书分类号找到其准确的位置，承担收书上架的服务工作。

（四）面对较多的回馆书籍，能耐心积极地完成收书上架工作。

六、活动过程

（一）起始

同学们好，今天我们来到了社区图书馆，学习如何进行志愿服务，书籍是人类的精神食粮、是人类文明延续的营养，我们都应该爱护图书。本社区图书馆设有综合开放书库、阅览室、菊英书屋、采编室、资料室等库室。现有纸质藏书7万余册，是一个名副其实的复合型图书馆。今天我们也请来了图书馆的刘老师，刘老师好，请您简单介绍一下图书馆老师的工作主要有哪些呢？同学们好，非常高兴来到咱们的课堂，很多人都把图书馆管理员的工作称为全世界最幸福的工作，的确如此，每天沉浸在书山墨海中，心情非常愉悦。除了每日正常开馆外，我们还要负责给到馆的书刊报分类、编目，指导图书馆志愿者参与图书馆的管理，协助其他学科组开展阅读指导活动、竞赛活动等，最大限度地挖掘图书馆的价值，充分发挥图书馆的服务效益。嗯，看来图书馆老师的工作量还是非常大的，而且需要特别细致有耐心。

（二）情景引入

图书馆的老师们都是毕业于专门的大学图书馆学专业，图书的管理是一门非常科学和复杂的学科门类，那么一本新书来到图书馆，需要经过哪些流程才能上架对外借阅呢？下面我们请刘老师为大家简单介绍一下。

设置意图：邀请图书馆的专业人员为学生讲解更加有说服力，也让学生能看到图书管理的专业人员和专业劳动素养，有助于学生的职业选择。

（三）新书上架流程

1. 查重。一本刚刚采购的新书来到图书馆后，首先要进行查重工作，其目的是要检查入馆新书是首次入馆还是二次进馆，避免二次分类而导致同书异号现象发生。

2. 盖章、贴条码、贴防盗磁扣。然后对新书进行初加工，起到登记的作用。

3. 编目。编目是按一定的规则，根据文献的内容和形态特征编制的一条条款目，组织成为目录的整个过程。编目具有的格式就叫作CNMARC格式，它是一种根据文献特点和文献机构之间信息交换的需要而建立的标准化的计算机可读形式；图书分类是一项技术性、学术性较强的工作，由于图书内容极其广泛复杂，涉及各门学科，如果对这些大量的又不断增多的资料不进行专业的分类和科学排放，当读者要查找图书资料时，就如大海捞针一般无从下手。因此，在图书进入馆里以后，对图书资料进行分类、科学有序的排放就显得非常重要。我们对图书进行CNMARC著录时，最核心、最专业的工作就是对图书进行分类。

我国目前图书资料的分类方法有《中国图书馆分类法》《中国人民大

学图书馆图书分类法》《中国科学院图书馆图书分类法》《国际图书集成分类法》等。各种分类法各有其特点，我馆采用的是《中国图书馆分类法》。《中国图书馆分类法》（以下简称《中图法》）是新中国成立后编制出版的一部具有代表性的大型综合性分类法，是我国目前通用的分类图书工具，它具有类目体系规范、参照注释系统完善等优点，被多数图书馆和情报单位所使用，它是采用汉语拼音与阿拉伯数字相结合的混合号码做分类标记，以字母的顺序反映大类的序列，大类下的类目用数字表示，数字部分采用层累制编号的一种分类法。其分五大部类，二十二个基本大类。

著录是在编制文献目录时，按照一定的著录规则，对文献的内容特征、形式特征进行分析、选择和记录的过程，是编目的其中一步。根据这本书的特征进行客观著录，指在编制文献目录时，对文献内容和形式特征进行分析、选择和记录的过程。

从读者的角度来看，如果读者想借阅《三国演义》这本书，通过检索系统的《三国演义》索取号"I242.4/106"，其中 I242.4 表示该书被分在了中国古代章回体小说，数字 106 是种次号，是馆内这一类别图书的流水号，索取号"I242.4/106"被赋予的意义就是：《三国演义》在我校图书馆中国古代章回体小说这一类目下的第 106 号。读者明确了这层意思后，便可以轻松在馆内找到所需要的资料了。CNMARC 格式中记录了这本图书的题名、责任者、分类号、主题词，这是最重要的 4 个著录项目，有了它们，就可以判断出这本图书在图书馆的位置了。

4. 印书标、贴标上架。编目工作完成后，由老师机打出书标，完成贴标、上架等后续工作。

设置意图：教师讲解图书上架的基本流程和方法，为学生亲身劳动体验做好准备。

（四）实践操作

第一个问题：图书馆图书的摆放原则是什么？

答：从上到下，从左到右，总原则是按顺序。

第二个问题：当你面对许多读者还回来的各类别的书，首先要做什么？需要把这些书上架到正确位置上时，怎么做才能又快又准？请同学们看看手中的图书进行操作。

答：先戴手套，观察外观是否完好，翻看内页是否有破损、涂鸦情况。先把所有图书按《中图法》大类顺序摆放，再把每一类图书按种次号即流水号排序，再推车在馆内按顺序上架。操作中提醒学生戴手套，教师巡视指导。

第三个问题：某同学在上架时，发现有一本《沙丘》的索取号是I712/946：2，请你说出它被赋予的意义及所在位置。请同学们看看手中的图书进行上架操作练习。

答："I712"在《中图法》中代表美国文学，"946"是种次号，"：2"代表《沙丘》是一套丛书，这本书是丛书中的第2册，大致在945号和947号之间，更确切应该在"946：1"和"946：3"之间。教师巡视指导。

设置意图：由于前面讲解得太多，担心学生消化不了，在操作前，教师针对具体操作问题进行归纳小结，同时明确劳动任务，便于学生实践操作。

（五）分享交流

请同学们分享介绍一下刚才你们操作过程中的感受。有哪些地方完成得比较好，有哪些地方有失误，失误的原因是什么，是如何解决的？

设置意图：通过组织学生分享交流刚才操作的经验和困难，反思劳动中存在的问题，不断提高自己的劳动能力。

（六）效果评价

1.请你在新书入馆上架的流程空缺中补齐环节；

2.请根据索书号和《中图法》对照表，说明下列书籍的类别。

（七）总结

今天我们只是在书入库上架流程的理论上为大家做了简单介绍，大家根据《中图法》进行了图书上架的简单练习操作。未来，需要同学们在长期的实际操作中感受领悟，以往的经验告诉我们，同学们通过志愿者服务在管理能力和服务精神上都有很大提高。图书馆是人们阅读和研究的重要场所，是促进学生发展的第二课堂，相信图书馆生活会成为每一位学生成长中的宝贵记忆。

七、学生评价

表7-4　初中校外劳动图书上架活动的评价表

一级指标	三级指标（具体观察点）
劳动观念	认识到书籍是人类的精神食粮、是人类文明延续的营养，在日常使用中爱护图书的行为习惯
	尊重图书管理员的工作
劳动能力	知道书籍入库上架的主要流程包括查重、盖章、贴条码、贴防盗磁扣、编目、著录等环节
	知道《中图法》，并通过识别图书分类号找到其准确的位置，承担收书上架的服务工作
劳动习惯和品质	养成活动后主动打扫卫生的习惯 在图书上架活动中，养成负责任的、安全操作的习惯
	面对较多的书籍，面对困难不退缩，能耐心积极地完成收书上架工作
劳动精神	在图书上架过程中轻拿轻放，继承中华民族勤俭节约、敬业奉献的优良传统 感知爱岗敬业、甘于奉献的劳模精神

第五节 家庭盆栽的移植（农业生产劳动 / 任务群）

义务教育阶段《劳动课程标准》中提到"农业生产劳动"任务群要让学生初步掌握根据当地条件和需求，规划设计种植、养殖劳动活动并加以实施的基本技能，形成热爱农业生产、关心农业发展，以及注重农业安全、食品安全的意识，形成辛勤、诚实、合法劳动及进行创造性劳动的劳动品质。本节课着重讲解家庭小盆栽的移植移盆方法。本次活动约需要1小时。

一、活动目标

（一）认识到绿化工人的艰辛，懂得人人都要劳动、劳动带来美好生活的道理。

（二）能使用常见工具进行家庭小盆栽的移植，养成安全规范的劳动习惯。

二、活动重点难点

（一）活动重点：能使用工具进行家庭小盆栽的移植。

（二）活动难点：工具使用的力度，养成安全规范的劳动习惯。

三、活动场地

实践教室或家中客厅阳台等。

四、活动用具

（一）教具：PPT、投影、黑板、铲子、报纸、水壶。

（二）学具：小盆栽、大盆、手套、铲子、报纸、水壶。

五、学生情况

本次活动的教学对象是初一年级学生，他们已具备最基础的科学常识和生物植物学知识。在家中有的学生也养过一些简单的植物，如多肉等。而有的学生则完全没有接触过植物种植，缺乏最基本的植物种植基础，对于植物的种植、栽培、移植，学生有一定期待和愿望。

六、活动过程

（一）引入

同学们家里或教室里会有一些小盆栽。随着时间的推移，盆栽里的绿色植物一天天偷偷地长大，当有一天你意识到，植物确实长大了的时候，甚至大量根须伸出花盆底部，说明必须将植物移植到更大的花盆中，同样，大量根须沿着花盆内壁生长，也必须将植物移植到更大的花盆中。那么，这时候就该换盆了。换盆对植物继续生长是必需的，但是如果操作不当会伤害到植物，甚至会导致植物死亡。那么，如何进行换盆呢？

设置意图：通过情景设计，让学生的注意力集中到本次活动的内容上，同时也强调换盆的重要性和必要性。

（二）换盆前的准备

一般植物在春季的时候进行移植，在每年 3 月下旬至 4 月末期。落叶乔木在冬季休眠时也可以进行移植。

在移植前先对盆栽植物进行一次浇水，以保证植物根部土壤水分充足。换盆时，室内植物忌阳光暴晒，所以我们尽量选择在阴天或避免暴晒时进行换盆。

准备好一个大一些的新盆，在新盆内放入适量新土。若使用瓦盆，准备比旧盆大一两个型号的新花盆，用陶片或小块树皮盖住排水孔。在新盆底部铺上一层盆栽土，保证植物放入后高度合适。

准备一张报纸展开，避免土壤撒落遍地。

设置意图：讲解换盆前的准备工作和注意事项，为成功换盆打好基础。

（三）换盆

用铲子松动植物边缘，捏住植物靠近根部的位置，轻轻地左右晃动，或者将花盆倒置，轻轻敲打花盆壁，用拳头轻轻敲击花盆边缘，即可将植物连同盆栽土一起取出。将植物从原来的容器中取出后，清除约三分之一的土。如果根部已经盘结，根部土块也硬邦邦地成了花盆的形状，将根部土块上面、底面、侧面的土剥落，剪短根部。

要认真检查植物的枝叶和根系。需要对植物进行简单的修剪，把一些老的枝叶修剪掉可以帮助植物快速恢复到生长的状态，对于那些已经染病或是被虫蛀了的叶子，更要毫不留情地除掉。根茎当中也是如此，如果发现腐烂的根系，同样需要修剪处理，不过要注意避开比较粗壮的主根部分。

把植物放入新盆，夯实土壤硬的边缘部分，一边转动花盆，另一边在周围空隙中填入更多盆栽土，最好使用与旧盆中相同的盆栽土。适量增加新土。用手指轻轻按实盆栽土，确保盆栽土距离花盆边沿 1—2.5 厘米，保证留有浇水的空间。

把新盆外表收拾干净。给植物浇足水分，直到水从底下的小孔内流出。新换了花盆以后先把植物放置阴凉处片刻。拿报纸包好遗撒或废弃的土壤扔掉。

设置意图：讲解换盆的全过程和注意事项，为学生后续进行换盆实践劳动打下基础。

（四）学生实践

学生两人一组进行换盆，注意操作流程。教师巡视、个别指导。

设置意图：学生亲历换盆的劳动过程，发展劳动能力，养成按规范进行劳动的习惯。

（五）展示交流

部分学生展示汇报他们的操作过程，遇到了什么困难和问题，如何解决的，有什么更好的经验。同学互相交流。

设置意图：学生通过分享交流换盆过程的经验和教训，不断反思自己的劳动实践过程，互相交流，发展提升劳动能力。

（六）总结延伸

教师引导学生总结，何时换盆、如何准备、如何换盆。提示学生移栽成功与否的关键性问题在于盆栽的新环境，所以对土壤和盆器的选择非常重要，除此之外我们还要进行移栽前的布置准备。盆栽植物在小花盆里一连养好几年的话，根部就会盘结导致植物衰弱。所以盆栽植物最好是每两年移植一次，根、土壤和花盆都可以更新。

七、学生评价

表 7-5　初中移植盆栽活动的评价表

一级指标	三级指标（具体观察点）
劳动观念	认识到绿化工人的艰辛，懂得人人都要劳动、劳动带来美好生活的道理
劳动能力	能使用小铲子等常见工具进行家庭小盆栽的移植，成活率较高
劳动习惯和品质	养成活动后主动打扫卫生、收纳小铲子等工具的习惯
	面对困难不退缩，能耐心积极地完成盆栽移植工作
劳动精神	在移栽换盆活动中养成精益求精、追求卓越的工匠精神

第六节　数据统计分析（现代服务业 / 任务群）

义务教育阶段《劳动课程标准》中设置了"现代服务业"任务群，要求让学生参与现代服务业劳动，提升现代服务技能，充分认识现代服务业劳动的特征与独特的社会价值。了解现代服务业劳动所具备的优势与面临的挑战，能说明现代服务业劳动的革新与发展趋势。能在劳动过程中认真履行职责，养成规范劳动、安全劳动的习惯与品质。进一步增强公共服务意识，形成以自己的劳动创造美好生活的社会责任感。本次活动着重让学生通过社会问卷调查后的数据分析来体验数据统计分析师这一现代服务职业的工作。本次活动约需要 2 小时。

一、活动目标

认识现代服务业的内容和分工，领会现代服务业在国民经济中的作用，知道数据分析师的工作内容和价值。知道数据呈现的多种方式，能运用信度检验问卷可靠性，能运用描述性分析、交叉关联分析、相关性分析方法完成数据的回收、统计分析与呈现，通过数据分析形成新结论。养成科学分析数据的习惯。

二、活动重点与难点

（一）活动重点：掌握运用描述性分析、交叉关联分析、相关性分析方法三种分析方法。

（二）活动难点：通过数据分析形成新结论。

三、活动场地

有计算机的活动教室。

四、活动用具

（一）教具：PPT、投影、黑板。

（二）学具：计算机、互联网。

五、学生情况

本次活动的教学对象是高二年级学生，他们已具备一定的数学和信息技术能力，能识别基本的图表信息。但对于统计学还比较陌生，还不能运用统计学手段从调查问卷的数据中得到更有价值的信息，学生对于数据统计分析有一定期待和愿望。

六、活动过程

（一）回顾介绍

师问：调查问卷可以通过哪个网站发布？生答：问卷星。

师问：调查问卷分为几个部分？生答：卷首语、正文、致谢。

师问：问卷样本不能少于多少份？生答：150份。

设置意图：回顾上节课调查问卷设计的相关知识，引入本节课教学内容。

（二）情景引入

《啤酒与尿布的数据故事》：20世纪90年代全球零售业巨头沃尔玛在对美国超市消费者购物行为的销售数据分析时发现了一个令人难以理解的现象："啤酒"与"尿布"两件看上去毫无关系的商品出现了数据高度正相关的奇特现象。通过行为调查发现，原来是男性顾客在购买婴儿尿片时，常常会买几瓶啤酒来犒劳自己，于是出现了将啤酒和尿布尽量摆在一起的促销手段。

设置意图：通过案例讲解，让学生认识到数据统计分析的价值。

（三）数据的统计分析方法

数据的真正意义在于统计分析出新结论。包括：

1.描述性分析

描述性分析就是通过每道题目直观的数据情况进行描述得到的分析。所有题目都可以进行描述性分析，比如每个选项所占的比例是多少。那么用什么方式去呈现呢？选择最能体现数据特点和结论的呈现方式（柱状、饼状、折线、圆环、表格），这样更加直观，从图表中直接叙述描述事物的特点即可，而不是以好看为标准。比如：

练习1：饼状图和圆环图有利于观察分类的数据结果。请你进行描述性分析。

练习2：柱状图有利于观察矩阵的数据结果。请你进行描述性分析。

练习3：折线图和条形图一般用在随时间变化，应变量的变化。请你进行描述性分析。

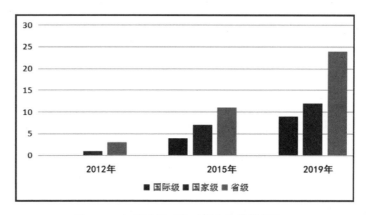

图 7-2　条形图用于随时间变化的数据展示

设置意图：学生通过学习描述性分析的概念和图表呈现方法，更加科学高效地做出描述性分析，为后续给自己课题进行数据统计打好基础。

2. 交叉分析

交叉分析是用于分析两个变量之间的相互关系的一种基本数据分析法。一般用在两道题目之间，比如一道题目是全体学生的性别，另一道题目是全体学生对于机器人的熟悉程度，对这两道题目进行交叉分析，就可以分别对比分析看出男生对于机器人和女生对于机器人熟悉程度的区别，从而得出新结论。

操作方法：点击"统计及分析"—"交叉分析"—"自变量"选择"性别"，"因变量"选择"机器人"。得到的交叉数据见图7-3，请你尝试进行数据分析。

第10题（第6小题）：对下列工具和材料、设备请按程度选择（机器人）[矩阵题]

X\Y	没听说过	听说过但没用过	只是见过、知道	偶尔用	经常用	小计
男	2(6.25%)	2(6.25%)	5(15.63%)	10(31.25%)	13(40.63%)	32
女	2(7.69%)	3(11.54%)	12(46.15%)	5(19.23%)	4(15.38%)	26

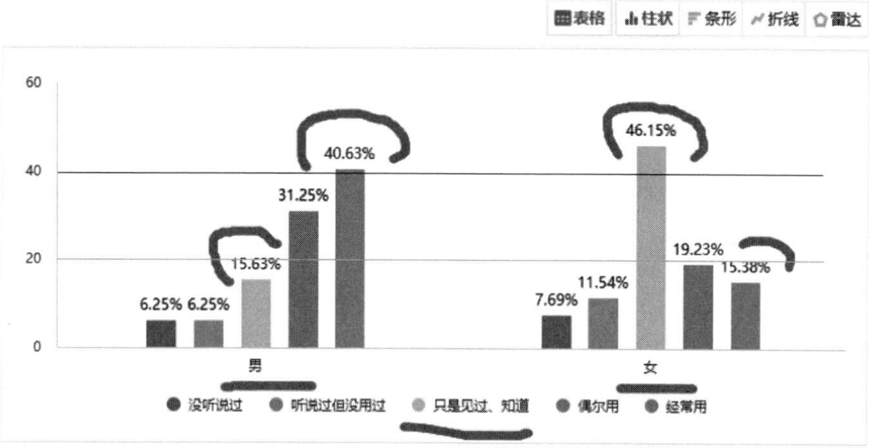

图7-3 "性别"与"机器人"题目的交叉分析结果

3. 相关分析

相关分析是指对两个或多个具备相关性的变量元素进行分析，从而衡量两个因素的相关密切程度，相关性的元素之间需要存在一定的联系或者概率才可以进行相关性分析。比如一个关于线上居家学习的问卷中，有两个自我感受型题目，一个是线上教学自律情况，另一个是线上教学质量和效果。如果想知道"线上教学自律情况"与"线上教学质量和效果"有没有关系，关系是否紧密，就需要对这两个题目做相关分析。

操作方法是：点击"统计及分析"—"在线SPSS分析"—"相关"将"线上教学自律情况"与"线上教学质量和效果"拖入分析区点击分析。问卷星下面自带了智能分析和说明，如果相关系数带∗号说明高度正相关，∗表示 $p<0.05$。

设置意图：教师讲解数据分析和展示的方法，学生即讲即练，掌握相关数据分析方法。

（四）数据统计分析实践活动

学生应用描述性分析、交叉分析、相关分析等进行数据的统计分析，选择有价值体现新结论的数据、选择合理的呈现方式。教师巡视，个别指导。

设置意图：通过活动，学生作为小小数据分析师对自己的问卷数据进行统计分析和呈现，亲历数据统计过程，得出统计新结论。

（五）展示交流

邀请部分小组展示自己小组的数据分析情况，介绍典型的描述性分析、交叉分析和相关性数据。

设置意图：遴选两组学生优先展示，互相促进互相交流，检验教学效果。

（六）总结本课内容

引导学生总结数据分析的目的和数据分析方法。拓展学生思路，数据统计分析师的职业作用非常大，数据样表足够大就能进行预测（经济预测、流感预测），如淘宝与小红书精准推送。大数据还可能涉及国家安全，比如滴滴公司因泄露公众信息被罚 80 亿元。还有，特定人群的基因数据泄露可能造成制造有针对性的病毒进行靶向攻击。21 世纪，数据是最有价值的基础性资源。

设置意图：让学生深刻认识数据分析师在经济社会中的巨大作用，深刻认识到大数据的价值。

七、学生评价

表 7-6　高中数据分析活动的评价表

一级指标	三级指标（具体观察点）
劳动观念	认识现代服务业的内容和分工，领会现代服务业在国民经济中的作用，知道数据分析师的工作内容和价值
劳动能力	知道数据呈现的多种方式，能运用信度检验问卷可靠性，能运用描述性分析、交叉关联分析、相关性分析方法完成数据的回收、统计分析与呈现，通过数据分析形成新结论
劳动习惯和品质	养成科学分析数据的习惯
	面对困难不退缩，能耐心积极地完成数据分析工作
劳动精神	在数据分析过程中感知爱岗敬业、甘于奉献的劳模精神

第三篇　精彩绽放

作为一线教师，所进行的课程建设、教学策略研究、教学案例分析都是为了实现发展学生核心素养这一目标，从而实现学生的"精彩"。通过对学生的表现分析进行过程性评价和终结性评价，可以检验我们所做的课程建设、教学策略研究、教学案例分析工作是否有效、高效，检验学生是否真正得到了发展，是否成长得更加精彩。

第八章
劳动教育的表现与评价分析

教学评价是依据教学目标对教学过程及结果进行价值判断并为教学决策服务的活动，是对教学活动现实的或潜在的价值做出判断的过程。劳动课程不同于文化课，具有实践性、复杂性特点和多场域特征。在过去几十年，学生在接受完劳动教育后有何表现？在国内外对这些学生的表现都采取了怎样的评价方式？评价主体都是谁？是采取量化评价还是质性评价？本章带大家认识了解国外及国内劳动教育的学生表现及评价情况。

第一节　国外劳动教育表现与评价的分析

一、德国劳动教育的表现与评价分析

德国劳动教育有多种考评方式，比如，笔试、口试、实践工作和展示等。按主体分有：教师给学生打分、学生之间互评、学生的自我评定。成绩通常是在整个教学过程中产生的，由学生每堂课的成绩综合决定。职业指导、企业实习等方面的成绩按学生参与整个项目的积极性、态度、能力等在活动中进行评估；技术课程按学生理论方面的作业或小测试的成绩以

及完成作品的质量评分；包括劳动、经济在内的理论教学则根据学生的出勤状况、上课是否认真听讲、是否积极发言等打分。另外，还要对学生能否主动与老师配合、能否很好地与同学合作、劳动态度是否积极、有无自觉的卫生和环保意识等做出评价。一般不设专门的期末考试。理论考试是在某一教学内容板块结束时进行的。在总成绩中理论考试成绩所占比例不大。劳技课成绩与其他学科成绩一样，按必修、选修及学时、成绩的不同计入总成绩，对学生的毕业、升学、就业等都有影响。在巴符州，劳动学的相关课程是中等学校毕业考试的一部分，所有学生的最终学业成绩由每一门课的学年成绩（50%）和毕业考试成绩（50%）构成。劳动学的相关课程不仅要求考生进行笔试，还需要实际操作考试，其中笔试所占比重为30%，操作性考试所占比重为20%。在操作性考试中，参加主体中学毕业考试的考生须完成"项目工作"，包括项目的前期规划、中期实施和最终展示。①

二、日本劳动教育的表现与评价分析

日本的劳动教育中有一个重要特点是在劳动结束后，教师引导学生对本次劳动做出总结和评价。总结的方式主要有两种，一种是举行座谈会，让学生讲述劳动的感受和体会；另一种是让学生写作文，用文字总结自己的体验与收获②。按主体不同劳动评价主要由三部分组成，一是自我评价，二是小组评价，三是由教师亲自检查每位学生的劳动成果并做出教师评价，评选出"优秀劳动个人"和"优秀劳动小组"，强化学生的劳动荣誉感。在日本，每所学校都会积极评估学生的长处和进步等，使他们能强烈感受到所学知识的重要性和价值。此外，从确定学习状态以实现学科目标

---

① 张德伟.国际中小学劳动教育初探［J］.中国德育，2015（16）：39-44.
② 杨铭.日本中学的劳动教育［J］.外国教育动态，1983（1）.

的角度出发，各学校会提出评价情境和方法，以及评价学习过程和结果的时间，以改进教学和提高学习动机为目标，并确保这些内容被用于能力的培养。每所学校都会推动有组织和有系统的措施，并想出方法确保学生的学习成果在不同年级和学校之间顺利衔接，从而在引入创新的过程中提高学习评估的有效性和可信度。每所学校会根据学科特点，加强生涯教育，以特殊活动为主，让学生能够预期所学与自己的未来之间的联系，并获得社会和职业独立所必需的能力基础。学校会致力于确保在校长的领导下，学校教职员按照学校的职责分工，互相配合，并根据各校的特点进行课程管理。每所学校在进行学校评估时，亦应注意课程的编订、推行和改善是教育活动和学校运作的核心，并与课程管理挂钩。日本中小学劳动教育评价一般由学生自评、同学之间相互评价及教师给学生评价三部分构成。①

三、美国劳动教育的表现与评价分析

美国教育评价研究的发展经历了三个阶段：20世纪初期至50年代的屏蔽价值关注"目标达成"的阶段、50年代至70年代的价值渗透关注过程的"方案评价"阶段、70年代至今的关注价值评定"综合"阶段。研究视域围绕着对教育目标的批评和实施过程的批评得到拓展，其中缠绕着各类教育参与者的价值的融合。②1994年，为发展技术教育课程，美国启动了面向所有美国人的技术项目。2004年，这一项目第二阶段成果，美国《国家技术教育标准技术学习的内容》正式出版。这一标准为美国各州编制和实施自己的州级课程标准提供了参考框架，这是非法定的、自愿接受的全国性课程标准。之后，该项目的第三阶段成果包括《测量进展评价

---

① 筒井，美紀.人生をゆったりとのぼっていくために：日本におけるキャリアラダーの構築と労働教育の接点（特集働くことを学ぶ）[J].部落解放，2015（5）：26-33.
② 赵宁宁.拓展评价的视阈——20世纪美国教育评价研究的发展历程[J].外国教育研究，2007（1）.

学生的技术素养》等四份文件正式出版，至此，关于技术素养教育及其评价的基础性研究初步完成。但从技术教育课程评价的实践来看，基于全美的技术素养评价尚未展开，美国联邦教育部宣布，技术素养将在2012年成为全美教育进展评价的重要组成部分。[①]美国于20世纪50年代开始对创造力进行研究，其中对中小学生创造力的评价是该研究领域的重点。创造力的内涵包括产生观点、考查观点、探索观点和自我理解与控制。创造力评价的研究集中在信息类型、评价方法和工具编制等方面。创造力评价的结果已被广泛应用于美国中小学课程设计之中，作为学生创造力培养的重要依据。[②]在伯利亚学院，劳动评估结果是劳动成绩单的重要组成部分，每个学期或暑期的每个职位都有成绩等级，因此，学生都会努力劳动并表现出最高水平。如果学生在劳动岗位上表现得不理想，并且得分低于60分，则需要延缓劳动。学生的劳动评估包括基本评估和个性评估两部分，并以此为学生创建劳动成绩档案。学生劳动的基本评估包括劳动协议期的中期评估和最终评估。劳动导师从学生出勤、责任心、团队合作、主动性、尊重、学习和特定职责（基于各个部门的职位描述）职位表现7个核域来进行评价。个性评估主要评价学生在工作场所特定的劳动。个性评估主要用于需要较高技能或专业知识、存在其他合规性或安全性因素、独特的组织结构等情形。个性评估工具需要在劳动教育部备案。除了正式的评估外，学校鼓励劳动导师定期与学生就职位表现进行对话，提出建议或双向反馈。对话和建议给予学生反思和成长的机会，反馈是任何学习环境的核心组成部分，双向反馈最有效。这种互动方式可使学生获得积极的强化，从挑战中尝试新的、不同的做事方式，从中体验学习。劳动导师通过

---

① 陈向阳，冯蔚蔚，邵健伟.国际技术教育课程评价：困境、经验与启示［J］.外国教育研究，2011（10）.

② 蔡敏.美国中小学生创造力评价探析［J］.外国教育研究，2008（10）.

双向反馈，接受建设性批评，表达调整指导方式的意愿，使自己成为开放的学习者。[①]

谷贤林（2018）认为，美国劳动教育与我国语境下的劳动教育不同。美国劳动教育内容与形式不同，重视实践与学习结合，因地制宜，在体验中学习，在做中学。其形式一般分为三种：家庭参与式劳动教育、就业准备劳动教育及培养公民的劳动教育。美国综合中学一般开设劳动教育课程，组织学生参与服务类活动，以培养学生的劳动观念及品质，如家政、烹饪、园艺、木工等活动。学生需要完成相应的课时，并获取学分。学生通过上一部分考核，方能进入下一阶段的学习。就业准备劳动教育主要以生计教育为代表，为职业选择做准备。培养公民的劳动教育主要以服务学习形式开展，以增强学生的同情心及公民责任意识。[②]

四、芬兰劳动教育的表现与评价分析

芬兰的学生在整个基础教育阶段都没有国家统一、标准化的高风险测试，直到想进入大学继续接受高等教育。基础教育阶段的学生评价重点是形成性评价和给予学生支持和鼓励的反馈，低年级段基本没有家庭作业，教师根据教学大纲的要求在他们各自教授的课程中对学生的学习状况及其掌握的知识技能做出评价。低年级的一般是描述性的书面评价为主，到了高年级开始采用分数评价的形式。芬兰的劳动技术课程从多主体、多维度、多种方式进行评价，如手工艺课程，教师会对学生所制作的工艺艺术作品从技术技能、工艺、原创性、创意、结构组成、设计原则以及艺术元素等多个维度来评估。在评价过程中，教师会问一些与整个工艺过程、合

---

① 詹青龙，李银玲.美国工作型文理学院劳动教育的模式与实施：以伯利亚学院为例［J］.中国职业技术教育，2021（21）：59-64.

② 谷贤林.美国学校如何开展劳动教育［J］.人民教育，2018（21）：77-80.

作和产品相关的问题，然后给出评价的标准和结构，学生被引导按照教师给出的标准和结构评价他们自己及同伴的整个工作过程。同时，学生也可以根据自己的具体情况制定标准并评价自己的工作。对于教师来说，多元的评价是指导和鼓励学生学习发展的有效教学工具；对于学生来说，多元评价制度促进学生的自我评估及同伴评估技能，同时提高学生自我反思、自我指导能力以及责任感。[①]

五、荷兰劳动教育的表现与评价分析

荷兰自20世纪90年代初便开始积极发展技术教育课程，在初等教育阶段技术教育课程并不作为单独的科目领域，而是与手工艺、文科及自然科学整合在一起。中学阶段在对基础教育内容进行了全国性的论争后，技术开始成为独立的学科领域。其主要内容包括技术与社会、技术产品和系统、产品设计与制作三个方面。其最终的课程评价由荷兰国家教育测量学会，根据课程的核心目标实施国家层面的评价。从评价的方式来看，荷兰主要从笔试、实用技能和产品三个方面对技术课程进行评估。其中笔试包括简单和较难两个版本，有单项和多项选择，时间为50分钟。实用技能测试主要是考查学生思考与行动结合的能力，功能产品测试主要是通过设计和制作一个功能性产品，考查学生设计—制作—评价的问题解决能力。[②]

六、英国劳动教育的表现与评价分析

纵观英国基础教育界的学生评价发展历程，可以发现学生评价起初为甄别所驱动，即为了给学生分级别，从而易于从中选择当局者所需要的

---

① 黎诗敏，施雨丹.从历史中走来：芬兰劳动技术课程改革及现实挑战［J］.外国教育研究，2021（7）.

② 陈向阳，冯蔚蔚，邵健伟.国际技术教育课程评价：困境、经验与启示［J］.外国教育研究，2011（10）.

学生群体。如每个学龄阶段末的统一国家考试有两大特色，即专制性权威与标准化判断。特别是 20 世纪 50 年代以来，现代中学一般都设有下列课程：工艺、烹调、家政、裁缝、设计、汽车机械、机械买卖、农业、音乐、船舶驾驶、普通理科、电气、商业、护理等。在一定程度上，它取代了技术中学的职能。由于毕业考试的要求而增设的一些其他科目，使得现代中学的课程范围大大加宽了。英国政府 1990 年下发《国家课程设计与技术》文件，要求全国中小学根据学生的年龄阶段实施"设计与技术"课程。其中，在第四学段（14—16 岁），技术课程所占的课时比例为 10%，它为 90 年代至今的英国义务教育阶段的技术教育建立了基本框架。技术是学校中核心科目之一，男女儿童都进行学习。为获得强制义务教育结束后的通用教育证书，要求参加全国性的考试。英国的技术教育课程评价自 20 世纪 80 年代就开始起步，且经历了一个不断精细化的演进过程，正如英国长期参与国家课程和评价制度的专家金贝尔所言，对于技术教育来说，常模参照评价既不可靠也无益处，因为常模参照不能清楚描述学生能够做什么，充其量只是指出学生在团体中的位置。所以他强调技术教育评价应基于课程标准进行评价的办法。[1]2000 年 9 月新课程实施以后，适应旧有课程框架的学生评价客观上需要转向，需要为发展学生能力以及不同学龄段的个体产生新的能力所驱动，即要解放学习者。从新课程的评价标准可以看出，学生评价更加关注问题解决能力、个人效率、思维技能及接受变革的意愿。学生评价被赋予了新的意义——解放学生，将支持理念"工具理性"变为"解放理性"，赋予学生真正的主体性，凸显学生在评价中的地位。[2]

---

[1] 陈向阳，冯蔚蔚，邵健伟.国际技术教育课程评价：困境、经验与启示［J］.外国教育研究，2011（10）.

[2] 王凯.英国基础教育中学生评价的转向及趋势研究［J］.外国教育研究，2003（1）.

七、俄罗斯劳动教育的表现与评价分析

俄罗斯的劳动课程突出"劳动与综合技术"学习。必修科目为：结构材料和机器部件的制作加工、电子学（无线电技术）、情报信息技术、制图技术、家政艺术、裁剪缝纫和食品制作、建筑修理装修、材料的艺术加工劳动、技术制作、艺术设计的基本制作、社会劳动和职业自我选择、生产和环境保护、家庭经济学和企业管理基础、技术创作；辅修科目为：艺术劳动、家政（女生）、家政（男生）、家庭女主人、家庭男主人、木材加工、缝纫、食品加工制作、金属加工工艺、电器安装、建筑修理工作、艺术设计、艺术装潢、植物栽培、产品的加工工艺、畜牧业产品的加工、建筑、机器人技术、日常生活技能、无线电技术、企业家管理、汽车驾驶与维修、农场业技术、家庭经济学、民间工艺与装饰品创作技术、专业培训课程及其他。课程大纲规定：理论课课时数占必修课课时总数的30%，实践课课时数占必修课课时总数的70%。另外，从2年级开始，每名学生每学年要完成一项个人方案设计，每人至毕业时，共需完成10项设计方案。

综上所述，外国劳动教育过程性评价的方法以量化为主，以问卷、量表为主要评价工具，结合对照试验，考查服务效果及参与者的诸多能力。评价主体既有劳动者，又有受益者，还有劳动教育培训的教师。针对不同形式的劳动教育内容，进行过程性评价。学校以学时、学分、证书等，作为过程性评价的主要激励方式。美国劳动教育的突出特征是互惠且利他，劳动和学习二者相互结合，学生既要以专业的知识提供劳动，又可在劳动中收获知识和技能，通过反思获得评价，总结劳动教育的经验，从而改进劳动及学习效果。目前，国外劳动教育研究已发展到较完备的阶段，包括劳动课程、实践活动、制度保障、劳动教育评价体系等，这些研究经验都

值得我们借鉴和思考。[①] 主要经验是通过建立中小学劳动教育科学长效评价机制方能确保劳动教育价值。学校要加强对劳动教育的督察，应从参加劳动次数、态度、操作及成效等方面建立学生劳动评价制度，形成劳动教育过程性评价和终结性评价相结合。

第二节　国内劳动教育表现与评价的分析

一、学校劳动教育的表现与评价

劳动教育在国内发展经历了一个空窗期，目前关于劳动教育课程评价的研究较少，研究文献主要聚焦在对学校的评价指标体系和督导评价体系的研究。例如，2020 年 4 月，长沙发布了"中小学校劳动教育评价指标"，该指标包括劳动教育课程设置、教学实施、保障机制、学生劳动素养 4 项一级指标，必修课开设、研学活动专题、劳动周设立、学科融合等 16 项二级指标及相关评价要点，研究重在劳动课程保障条件的评价，具体关于课程的指标研究较少。

刘茂祥认为，中小学校劳动教育实践评价要点可从劳动教育内涵认知、内容体系、载体创设、空间营造、师资队伍、质量保障和特色建设七个方面进行建构。

2017 年，教育部基础教育质量监测中心发布我国首份《中国义务教育质量监测报告》，报告中虽未涉及劳动教育内容，但为如何开展学科教育

---

① 董慧，邱小健，欧阳小宇 . 回顾与展望：劳动教育研究综述（2010—2020 年）［J］. 改革与开放，2021（13）.

质量的监测工作提供了非常好的模式，教育质量监测不仅要关注学生的学科学业成绩，还应监测学校管理水平、学校资源配置、教师配置、教师教学能力、课程开设情况、学生学业兴趣等相关可能影响学科成绩的因素。未来国家教育质量监测内容将新增劳动教育内容，这将从国家层面丰富劳动教育的评价和研究。①

二、学生在劳动教育中的表现与评价

劳动教育评价是践行立德成人的评价过程。正如杜威所提出的，评价是一种对价值可能性的判断，是对尚未存在的、通过活动而被创造出来的可能的价值承载者的判断。据此，劳动教育评价不是一种静态的、发生于劳动教育活动结束之后的甄别判断行为，而是一种动态的、相伴劳动教育过程的价值共创行为。从时间维度看，劳动教育评价贯穿劳动教育全程。评价就是个体积蓄生命体验在劳动教育活动中行动并为未来做准备的自觉发展过程，是帮助个体探索、选择、奋斗、成长的复杂生命历程，是现有知识和经验不断丰富和完善的学习过程。在劳动教育评价中，教师、其他利益相关者借助特定的行为方式，在劳动的过程中引导和激励学生，让学生能够更加深刻地体验到劳动是主观见之于客观的过程，更加直观地感受到自己的本质力量和主体能力。②

刘茂祥认为，新时代学校劳动教育实践急须建立中小学劳动教育评价系统，中小学生劳动素养评价指标要点可从劳动认知、劳动情感、劳动习惯、劳动能力和劳动精神五个维度进行建构。③

吴桂婷等提倡在劳动教育中应用档案袋评价。劳动教育与劳动生产

---

① 邱蕾.中小学劳动教育质量监测评价体系研究［J］.考试研究，2021（6）.
② 陈静.新时代劳动教育评价的三重逻辑［J］.中国考试，2021（12）.
③ 刘茂祥.基于实践导引的中小学劳动教育评价研究［J］.教育科学研究，2020（2）：18-23.

实践紧密结合，是一门注重教育过程的课程。在劳动教育中应用档案袋评价，可以清晰地了解学生在劳动教育中取得的成果。同时，教师可以通过分析学生的档案袋内容，及时改进教学策略，调整课程内容，加强教学反思。此外，学生可以在档案袋评价中发现自身的不足并加以改正，以追求更大的进步。总之，将档案袋评价方式运用于劳动教育中，可以及时发现劳动教育课程存在的不足，以便有针对性地改进劳动教育教学。档案袋评价是社会身份不同的评价主体在一定规则下对劳动主体进行评价的一种方式。因此，劳动教育在完成育人目标的同时，应该充分发挥学生、教师、家长、其他社会人员对劳动主体进行评价的作用。劳动教育是以确立正确的劳动价值观和养成良好的劳动素养为目的的教育活动。劳动教育要分为两个部分进行，一是外在的劳动习得性技能，二是内在的情感体验。因此，档案袋评价中的劳动教育评价要体现出目的性以及发展性。[①]

李燕提出，要提升对劳动教育评价标准的重视程度。学校在劳动教育中发挥主导作用。学校对每个学生的发展有直接的影响，只有从学校层面提升对劳动教育评价的重视程度，认真科学合理地评价每一位学生的劳动，才能发挥好它的导向反馈作用。首先，学校要将对学生的劳动教育评价落实到位，根据评价标准认真考查每一位学生进行客观科学合理的评价，不能敷衍糊弄，只体现在最后学期末的综合评价中。其次，学校要针对中小学生进行的劳动评价结果进行反思和总结，要及时调整劳动教育计划方式等，从实际出发，考虑如何利用好劳动教育评价的结果来反过来推进劳动教育的发展。此外，还要善于结合学校特色制定合理的评价标准。为了更好地因材施教，我国各地区的学校应该结合自身地区的特色以及学校的特色制定属于学校自己的劳动教育评价标准。首先，学校应该提高结

---

① 吴桂婷，石丹丹.档案袋评价在劳动教育中的有效应用［J］.教育实践与研究,2022（3）.

合自身特色制定合理的劳动教育评价标准的意识，积极主动思考学生劳动评价的标准，开展讨论并制定合理的标准。其次，我国学校应该善于思考结合自身特色制定劳动教育的评价标准。例如在我国部分旅游地区，针对环境遭到游客的破坏、垃圾较多等问题，可以带动学生进行保护环境的劳动教育，提升学生的环保意识以及社会责任感，并制定一定的评价标准，比如规定参与的次数与相应的加分政策等，作为学期末对初中生的劳动教育评价内容。另外学校在结合自身特色进行标准的制定时，要参考足够的教育学心理学等科学的依据，例如可以将形成性评价与终结性评价、多维评价与重点评价、教师评价与学生评价、校内评价与校外评价结合作为标准制定的原则。①

三、劳动教育的表现与评价在国家层面的措施

李燕提出劳动教育评价在国家层面的措施包括：

（一）提高劳动教育评价的占比

我国当前仍存在唯分数的人才选拔导向，这对劳动教育的发展是十分不利的。我国青少年出现不想、不会劳动、不保护劳动成果的情况，这与我国当前人才选拔方式有一定关系。应该逐渐提升劳动教育评价在学生评价中的占比，把劳动评价结果作为衡量学生全面发展的重要内容，作为评奖评优的重要参考和毕业依据，也可以将它作为升学的一定依据。如此可以提升劳动教育评价体系的地位，使全社会引起重视。这项措施已经在2020 年公布的中央相关文件中提及，但是何时能够落实实施，尚待观察。

① 李燕.我国初中生劳动教育评价标准的研究［J］.大众标准化，2021（12）.

（二）制定统一规范的评价标准

我国应对初中生进行劳动教育评价时提供统一的评价标准。首先，可以从不同的维度对初中生进行劳动教育评价标准的制定，从初中生的劳动态度、劳动情感与价值观、劳动习惯、家政意识等方面进行统一的标准和规范。其次，可以针对不同的评价主体进行评价标准的制定。对初中生的劳动教育评价本身应该是一个多主体的评价过程，包括教师、学生之间互评、家长的评价等。例如，对初中生的劳动教育的考核可以从学习、生活、活动和实习4个方面进行，4个模块的考核比例分别是35%、20%、20%和25%，学生要完成相应模块的任务才可以得到相应的分数，并且为了提升劳动教育的重视程度，应该落实把劳动教育成绩与学生的升学挂钩的政策。这样制定出具体统一的劳动教育评价标准，有利于学校和家庭各层面进行科学合理的评价，从而发挥评价的作用，促进劳动教育的发展。

四、劳动教育的表现与评价在家庭方面的措施

李燕认为，家庭中的劳动教育也是劳动教育的重要组成部分，她提出劳动教育评价在家庭层面的措施包括：

（一）提升对孩子的劳动教育重视程度

作为家长，在家庭层面，首先要转变自己的教育观念，唯分数的教育观念是非常不可取的。家长树立正确教育观念，不仅要重视孩子的学能力，更要注重孩子的智、体、美、劳全面发展。家庭要发挥在劳动教育中的基础作用，父母们必须意识到劳动教育在培养孩子健全的人格方面的作用、促进学生的发展的重要作用，从一点一滴的小事上对学生的劳动进行评价，比如当孩子完成扫地、叠被子等一些基础的家务活动，家长也可以通过简单的评价，来对孩子进行鼓励。只有家庭层面对劳动教育有足够的

重视，才能够重视对学生的劳动教育的评价，也可以更好地从家庭层面配合学校的劳动教育评价。

（二）积极配合学校开展劳动教育评价

家庭对孩子的影响是深远持久的，作为家长应该要积极配合学校的劳动教育工作以及劳动教育的评价工作。首先，家长要重视对孩子的劳动教育，这是一个人走入社会以后必须要具备的技能和条件，应该坚决摒弃唯分数的观念。其次，家长和学校的配合能够使得对学生的教育事半功倍，因此，当学校老师对孩子在家的劳动情况进行调查时，应该积极配合，关注学生德智体美劳的全面发展，积极反映孩子在劳动方面存在的问题，以便老师更加全面地了解学生，并且能够及时地给出解决问题的对策调整教育方法。①

---

① 李燕. 我国初中生劳动教育评价标准的研究［J］. 大众标准化，2021（12）.

第九章
劳动课程核心素养的表现与评价

劳动素养要求是对学生在完成阶段性劳动课程学习后需要达成的素养表现的总体刻画。劳动课程核心素养中的"劳动能力"可以通过学生外显性行为的表现来评价，而"劳动观念""劳动精神""劳动习惯与品质"似乎看不到摸不到，如何评价成为老师们的一大难题。表现性评价是在尽量合乎真实的情境中，运用评分规则对学生完成复杂任务的过程表现与结果做出判断。我们可以根据劳动素养要求中的学生"外显表现"，并通过科学设计外显性活动来对学生进行表现性评价。这就需要教师在设计课程之前，确定用什么表现性方式来评价学生学到了什么。

第一节 "劳动观念"核心素养的表现与评价

一、"劳动观念"的概念分析

（一）"劳动观念"的概念

课标中指出："劳动观念是指在劳动实践中逐渐形成的，对劳动、劳动者、劳动成果等方面的认知和总体看法，以及在此基础上形成的基本态度和情感。劳动观念主要表现为：学生能尊重劳动，尊重普通劳动者，了解不同职业劳动者的辛苦与快乐，理解'三百六十行，行行出状元'的道理；能正确理解劳动对于个人生活、家庭幸福、社会进步、国家富强和人类发展的意义，懂得劳动创造人、劳动创造财富、劳动创造美好生活的道理；能崇尚劳动，牢固树立劳动最光荣、劳动最崇高、劳动最伟大、劳动最美丽的观念。"

（二）"劳动观念"的概念分析

课程标准对于劳动观念的表现解读分为三个层次，即"尊重、理解、崇尚"。第一个层次是要求学生应该尊重劳动、尊重劳动者，这是最基本的要求，这也是针对当前一些学生中出现的瞧不起体力劳动者、奢靡浪费的现象。第二个层次是要学生能理解各行各业都能出彩，理解劳动对于个人、家庭、社会、国家和人类的重大意义，理解劳动创造一切幸福的道理，这个层次要比"尊重"高，同时让高年级学生在尊重的基础上领悟理解一些道理。第三个层次是不仅仅"尊重""理解"，还要去"崇尚"，从内心去热爱劳动，树立劳动最光荣、最崇高的理念。这样的描述符合观念上的由低到高、由浅入深的递进。

二、"劳动观念"的素养表现

（一）素养表现分级

课程标准中的第五部分专门提出了"劳动素养要求"，并把义务教育阶段按照学段分为四段，由低到高进行了素养表现分级。

1—2年级"劳动观念"的素养表现：在简单的日常生活、生产劳动中，认识到人们的衣、食、住、行、用都离不开劳动，懂得人人都要劳动的道理，积极主动参与班级劳动，初步体会劳动对日常生活的重要性；能在力所能及的劳动实践中体会劳动的艰辛和快乐，初步形成喜欢劳动、积极参加劳动的态度。

3—4 年级"劳动观念"的素养表现：通过日常生活劳动，懂得"一分耕耘，一分收获"的道理；在简单的生产劳动和服务性劳动中，认识到劳动无高低贵贱之分，知道尊重劳动、尊重普通劳动者；主动为身边人提供服务，形成初步的服务意识和社会责任感；具有主动承担力所能及的劳动意识，初步养成热爱劳动的态度。

5—6 年级的"劳动观念"素养表现：通过日常生活劳动，认识到劳动对家庭幸福、社会进步的意义；在基本的植物养护、动物饲养、工艺品制作等生产劳动过程中，初步形成劳动创造财富的观念，理解普通劳动者的光荣和伟大；形成主动服务、关心社会、扶助弱势、热心公益、关爱生命、热爱自然的意识，在劳动过程中初步形成劳动效率意识和劳动质量意识。

7—9 年级"劳动观念"的素养表现：通过持续参与日常生活劳动、生产劳动和服务性劳动，理解劳动创造美好生活的道理，增强家庭责任意识，认识到劳动对国家富强、人类发展的意义，尊重和平等对待各行各业的劳动者，自觉向优秀劳动榜样学习；形成初步的职业意识和生涯规划意识，进一步增强公共服务意识和社会责任感，在劳动过程中注重劳动效率和劳动质量。

（二）素养表现分析

可以看出，由于年龄较小，1—2 年级学生的劳动观念素养要求的动词主要在"认识""懂得""参与""体会""初步形成"，主要进行"力所能及"的劳动。3—4 年级进阶为"知道""主动""初步养成"。进入 5—6 年级倾向于"理解"，7—9 年级注重"持续""进一步增强"，这里面的一些动词就具有表现性。劳动观念素养要求的内容方面，从1—2年级的"道理、态度"到3—4年级的"意识和责任感"，从5—6年级的"形成劳动效率和劳动质量"到7—9年级的"职业意识和生涯规划意识"。

三、"劳动观念"的评价设计与表现

（一）"劳动观念"的评价设计

"观念"的评价对于老师们有一定的困难，因为"观念"往往看不到摸不着。所以教师需要引导学生做出一些表现，也就是设计一些能表现出"观念"的行为活动来评价学生的"劳动观念"。比如通过"说"或"写"的方式来表现"观念"的变化，也就是通过在劳动之后组织学生展示介绍劳动过程及收获或者安排撰写活动感悟的任务的方式来对学生的"劳动观念"变化进行评价。要关注并抓住学生通过"说"或"写"表现出的"懂得""主动""持续""效率""质量""职业"等关键词，对应劳动课程标准中的素养表现进行评价。

（二）"劳动观念"的表现

劳动观念的变化往往在学生真实进行劳动体验之后产生，学生只有通过持续参与日常生活劳动、生产劳动和服务性劳动，才能理解劳动创造美好生活的道理，主动为身边人提供服务，增强家庭责任意识，形成初步的服务意识和社会责任感，认识到劳动对家庭、人类发展的意义。

示例一　重阳节服务性劳动感悟

撰写人：初一（六）班　孙羽函，劳动课教师：北京市日坛中学　林彦杰

10月4日上午，父亲跟我说，前两天做家务时不小心扭了右手腕，感

224

觉有点酸痛，想让我帮忙推拿一下。正好节前我在学校的劳动课上学习了按摩穴位的基本手法，于是我爽快地答应了。我一边轻按父亲的右手腕，一边询问父亲哪个地方痛，父亲说右腕关节有点痛。于是，我先在父亲的右腕关节擦上"一条根"止痛药膏，再用手掌心轻轻搓揉，这样药膏就能更好地吸收了。接着，我用右手指轻轻按揉父亲的右腕关节，累了就换左手指按揉，力道轻柔。这样按揉 15 分钟后，我歇了 10 分钟，接着又按揉了 15 分钟。父亲说，感觉右手腕不痛了，不用再推拿了。这时，我才感到脑门出汗了，两只手都累酸了。帮助父亲推拿受伤的手腕虽然很累，但是我却感到很快乐。因为，我的推拿帮助父亲缓解了手腕的酸痛，父亲还夸我的手法不错，手到病除，感觉手腕不痛了。我看着父亲粗糙的双手才忽然认识到父亲为了这个家庭承担了很多的责任，妈妈一直身体不好，都是父亲忙里忙外，以前自己太不懂事了，只知道自己玩，没有在意和顾及父母。我要用自己的劳动让家庭生活更加美好，我的劳动得到了父亲的肯定，再累也都值得啦。

示例二　初中三年劳动课改变了我的观念

撰写人：初三（六）班　练宇轩　劳动课教师：北京市日坛中学　林彦杰

初中三年，让我越来越深刻地感受到劳动的意义。课堂中，我学习了木工、金工等非常实用的劳动技术；在家中，我和妈妈一起打扫卫生，和爸爸一起研究新菜式，和妹妹一起为家人做推拿；在博物馆中做讲解，在社区服务队和伙伴们清理楼道垃圾……这些都让我感悟到了劳动百味，也让我在劳动的滋养中茁壮成长。劳动不仅丰富了我的知识和技能，也让我更加自信、勇敢地奔向美好未来。自主学习已经成了我的习惯；自主解决问题是我最爱的挑战。在劳动中，我遇到了很多优秀的人，发现了许多新鲜事儿，收获了许多劳动智慧。大千世界，每个人的生活轨迹都不一样，但劳动让我们有了交集，无论是古今传承，不断创新，还是同侪奋进，一起开拓，我们都在用双手改变着生活。劳动中的汗水与挫折能让我们遇到更好的自己，也能让我们创造出许多微小却有意义的劳动成果。当这些劳动成果能为自己、为他人提供一些帮助时，也是劳动中最幸福的时刻。

第二节 "劳动能力"核心素养的表现与评价

一、"劳动能力"的概念分析

（一）"劳动能力"的概念

课标中指出："劳动能力是指顺利完成与个体年龄及生理特点相适宜的劳动任务所需的胜任力，是个体的劳动知识、技能、行为方式等在劳动实践中的综合表现。劳动能力主要表现为：学生具备基本的劳动知识和技能，能正确使用常用的劳动工具；能在劳动实践中增强体力，提高智力和创造力，具备完成一定劳动任务所需要的设计能力、操作能力及团队合作能力。"

（二）"劳动能力"的概念分析

课程标准对于劳动能力的表现解读分为三个层次，即"基本的知识技能、体力智力创造力、设计能力操作能力合作能力"。第一个层次，相较于以前的劳动技术课程，本次劳动课程中的劳动能力没有仅仅局限于设计操作加工的能力，而是将一般简单的基础劳动知识技能作为学生必须具备的，比如"烹饪与营养"中的择菜、煮水饺等。第二个层次，新增了"增强体力，提高智力和创造力"的内容，通过以劳强体、以劳增智，体现了劳动教育在五育中的基础性作用，为在劳动课程中进行五育融合埋下了伏笔。第三个层次，要求学生能在任务中提高"设计能力、操作能力及团队合作能力"，如果说设计能力和操作能力是第一个层次的更高更明确的要求，那么把合作能力纳入劳动能力则是首次，也是必要的，学生未来高水平的发展一定是在与伙伴合作的氛围下才能实现的。

二、"劳动能力"的素养表现

（一）"劳动能力"素养表现分级

课程标准中的第五部分专门提出了"劳动素养要求"，并把义务教育阶段按照学段分为四段，由低到高进行了素养表现分级。

1—2年级"劳动能力"的素养表现：在完成清洁与卫生、整理与收纳、烹饪与营养等劳动任务的过程中，初步掌握基础知识、基本步骤与操作方法，初步形成个人生活自理能力；在简单的工艺制作劳动、农业劳动中，初步掌握简单的手工技能，会使用简单的工具，能照顾身边常见的动植物。

3—4年级"劳动能力"的素养表现：能在日常生活劳动中发现存在的问题，选择和运用恰当的劳动技能加以解决，形成生活自理能力；能在简单的生产劳动过程中，了解常用的材料，认识并使用常用的劳动工具，能设计与制作简单的工艺品，具有初步的植物种植、动物饲养的能力；在学校、社区的服务性劳动中，初步形成关爱他人、积极参与学校、社区建设的劳动意识和能力。

5—6年级"劳动能力"的素养表现：能发现日常生活劳动中存在的

问题，综合运用生活基本技能解决问题，增强生活自理能力；能发现生产劳动中的需求与问题，运用基本生产知识与技能，选择合适的工具、材料，合作完成简易工业产品的设计与制作，初步具备从事简单生产劳动的能力；在服务性劳动中，运用已有劳动技能服务他人、服务学校、服务社区。

7—9年级"劳动能力"的素养表现：在具有一定挑战性的日常生活劳动中，比较熟练地运用家政技能，提高生活自理能力；能在生产劳动中发现存在的需求和问题，进行劳动方案的选择和劳动过程的规划，按照安全规范要求，选择适当的材料和工艺、工具和设备，综合运用劳动技能解决问题，并能根据实施情况，对方案进行必要的改进与优化，发展创造性劳动能力；能在服务性劳动中，初步掌握现代服务业劳动的基本知识与技能，熟悉公益劳动与志愿服务的组织、实施，提升运用相关的劳动知识与技能服务他人、学校、社区的基本能力。

（二）"劳动能力"素养表现分析

在不同学段上的教学内容要求也是循序渐进的。比如"农业生产劳动"任务群中，1—2年级要求学生学习种植绿萝、文竹等植物，饲养金鱼、蚕等动物；到了3—4年级，则要求学生学习种植大白菜、西红柿、黄瓜，在规定的要求内饲养鸡、鸭等；5—6年级要求学生学习种植花草果树，饲养兔子、羊；到了7—9年级要求学生学习盆栽、农副产品保鲜与加工、水产养殖、稻田养殖。这些都体现了教学内容的循序渐进和纵向推进。随着学生劳动能力的增长，劳动对象也从低年级的"给自己劳动，掌握基本生存能力"到高年级的"为他人劳动、为家庭劳动、为学校劳动、为社会劳动"。

三、"劳动能力"的评价设计与表现

（一）"劳动能力"的评价设计

"能力"的评价对于老师们并不陌生，但是我们要注意全面理解评价"劳动能力"，不能把"劳动能力"窄化为"技术技能"，不能简单以学生做完了劳动实践项目就实现了"劳动能力"的发展。根据课程标准的描述，"劳动能力"不仅仅包括基本的劳动知识和技能，能正确使用常用的劳动工具；还包括能在劳动实践中提高智力和创造力，具备完成一定劳动任务所需要的设计能力、操作能力。劳动能力的评价设计往往以学生在劳动过程中体现的创意构思、创新设计、加工制作，以及小组合作完成最终作品的形态，如牢固度、功能效果等作为评价设计要点。

表 9-1 学生劳动项目作品评价表

作品名称				
设计说明创新点及功能描述				
设 计 草 图	（用铅笔画草图，标注需要说明的地方）			
产品评价				
项目	A（16—20分）	B（10—15分）	自评	互评（师评）
安全	产品安全可靠	可能有潜在危险		
创新	没有完全模仿，有创新	完全模仿，改进很少		
美观	造型美观、有特色	造型一般		
稳定	结构稳定，经过一定测试	结构较不稳		
废物利用	用到废料	没有用到		

（二）"劳动能力"的表现

在"劳动能力"的表现中，要关注提高智力和创造力，以及完成一定劳动任务所需要的设计能力、操作能力。教师要在课堂上鼓励学生发现身边的问题，并通过一定创新设计方法形成巧妙的解决方案，提高学生的设计能力和操作能力，指导学生制作出解决问题的实物模型。

示例三 在劳动中发现问题、解决问题

撰写人：初二年级学生 陈相元 劳动课教师：北京市第八十中学 何斌

在一次劳动课上，我钉钉子时发现不容易找平位置、测量距离也不够精确，还时而会砸到手，这个问题给我带来很多困扰。在何老师的启发和指导下，我构思发明了一个多功能钉钉子辅助器来解决这个问题。在这个作品中，使用了水平仪配合一字形激光发生器来满足找平的功能；通过内置的激光测距仪满足测距的功能；通过嘴部鹰嘴式的钳钉设计，可以使作品防砸手。作品中使用的一字形激光发生器和水平仪满足找平的问题，利用了激光的线性，我认为这是作品中最巧妙的创新点。这个作品的使用十分方便，按下作品顶部的微动开关就可以开启，再按下微动开关就可以使一字形激光发生器发射出红色激光。如果要使用激光测距仪，就长按显示器右边的三角形按键，就可以开启。实际使用时能达到很好的效果，钉出的钉子水平、距离合适、过程中也不会砸到手。在市面上，没有任何钉钉子辅助器使用激光发生器、激光测距仪这两个工具。我的这个发明作品晋级了北京市青少年科技创新大赛，创客精神给了我很大的启发，那就是要努力打开新的"大门"，细心发现问题，敢于创新思考，敢于动手尝试。这次创新活动让我感受到自己的劳动创造会让生活变得更加美好，这种劳动精神会一直激励我走下去。

第三节 "劳动习惯和品质"核心素养的表现与评价

一、"劳动习惯和品质"的概念分析

（一）"劳动习惯和品质"的概念

课标中指出："劳动习惯和品质是指通过经常性劳动实践形成的稳定行为倾向和品格特征。劳动习惯和品质主要表现为：学生具有安全劳动、规范劳动、有始有终等习惯；养成自觉自愿、认真负责、诚实守信、吃苦耐劳、团结合作、珍惜劳动成果等品质。"

（二）"劳动习惯和品质"的概念分析

课程标准对于劳动习惯和品质的表现分为三个习惯和六个品质。

"劳动习惯"中，首先要培养学生的"安全劳动"习惯，中学生好奇心重，尤其是初中学生，进入劳动实验室后，对很多设备工具非常好奇，擅自触摸很容易造成伤害，所以首先应该反复提醒学生注意安全。但是，不能因为安全而不让学生进行操作，要让学生进行规范操作、规范劳动。要指导学生认识安全正确使用工具设备的流程，切忌违章操作。操作完成之后，尤其是课堂教学接近尾声，学生往往沉醉于自己的劳动成果，有的兴奋有的沮丧，听到下课铃声响起就不由自主地要离开劳动实验室去上下一节课，往往忘记整理收拾工具、清理垃圾，而这正是劳动习惯养成的重要时刻，教师应该在下课前预留5分钟跟学生讲明整理收拾工具清理垃圾的要求，监督督促学生养成"有始有终"的劳动习惯。

"劳动品质"中，课标提出学生要"养成自觉自愿、认真负责、诚实守信、吃苦耐劳、团结合作、珍惜劳动成果等品质"。这六个品质也确实都是针对当下一些中学生出现的不愿意劳动、不认真劳动、不守信劳动、吃不了苦、独生子女不会与他人合作劳动、浪费挥霍等现象。

二、"劳动习惯和品质"的素养表现

（一）"劳动习惯和品质"的素养分级

课程标准中的第五部分专门提出了"劳动素养要求"，并把义务教育阶段按照学段分为了四段，由低到高进行了素养表现分级。

1—2年级"劳动习惯和品质"的素养表现：能做到不浪费粮食，爱护学习用品、生活用品等，懂得珍惜劳动成果；在劳动过程中遵守劳动纪律和安全规范；初步养成自己的事情自己做、认真负责、有始有终的劳动习惯和品质。

3—4年级"劳动习惯和品质"的素养表现：主动遵守劳动纪律和安全规范，养成自觉自愿、认真负责、专心致志、有始有终的劳动习惯和品质。

5—6年级"劳动习惯和品质"的素养表现：在劳动过程中吃苦耐劳，主动承担力所能及的劳动，养成安全劳动、规范操作、坚持不懈，以及诚实劳动、合法劳动的劳动习惯和品质。

7—9年级"劳动习惯和品质"的素养表现：具有持续参加劳动的积极性，在劳动过程中持之以恒，诚实守信，有责任担当；养成自觉遵守劳动规范、劳动法规的习惯，形成认真负责、吃苦耐劳的劳动品质。

（二）"劳动习惯和品质"素养表现分析

"劳动习惯和品质"在不同学段上的教学要求是有区别的。在"劳动习惯"方面，根据课程标准中的学段目标，1—2年级更加侧重"有初步安全意识、有始有终、认真劳动"，3—4年级则侧重"遵规守约、珍惜成果、

合作劳动"，5—6年级强调"诚实劳动、合法劳动"，7—9年级则侧重"劳动效率、劳动质量"。

三、"劳动习惯和品质"的评价设计

（一）"劳动习惯和品质"的评价设计

"劳动习惯"具有一定的外显性，如安全劳动、规范劳动、有始有终等劳动习惯都可以进行观察和评价，教师可以在劳动项目的评价中设计诸如"学生能安全、独立按规程操作某设备或工具"和"学生在完成劳动项目后能主动将工具归位、及时将设备周边及桌面清理干净"的评价条目。

"劳动品质"虽然也具有一定的外显性，但是需要持续观察，对于班额较大的情况，教师不易操作。教师也可以采取"说"或"写"的方式，评价学生的劳动品质发展情况。

（二）"劳动习惯和品质"的表现

"劳动习惯和品质"的表现往往出现在学生进行劳动体验的过程中或之后，学生感受到劳动的魅力，更加珍惜成果，进而坚持劳动形成劳动的习惯，不断提高自己的劳动效率和劳动质量。

示例四　包饺子的快乐

撰写人：七年级（五）班　李聃赫　劳动课教师：北师大三帆朝阳学校　沈霞

在疫情居家的那段时间里，我做了许多家务劳动，包饺子、包包子、西红柿炒蛋、蘑菇白菜汤……其中令我印象最深刻的是那次包饺子。那一次，其原因是那次的饺子是我包得最好看、最好吃的一次。虽然最后弄得满手甚至脸上都是面粉，但我心里的成就感和喜悦感打败了辛苦。再辛苦

点又何怕，成功之后的感受必将让你难以忘记。我会继续努力坚持下去，成为更好的、勤劳的自己！

示例五　自己做的饭真的香啊！

撰写人：初一年级周颀晗　劳动课教师：北京中学二分校　张敏

自己做的饭吃的时候是真的香啊！感觉做饭的时候腰酸背痛，突然感觉妈妈好伟大啊！感谢学校老师组织的这次活动，真的！自己的劳动成果怎么看怎么好看。我也理解了为什么爸妈上完班回家给我们做饭，看到我们不刷碗的生气是从何而来，感谢学校！

第四节　"劳动精神"核心素养的表现与评价

一、"劳动精神"的概念分析

（一）"劳动精神"的概念

课标中指出："劳动精神是指在劳动观念、劳动能力、劳动习惯和品质的培养过程中形成和发展的，在劳动实践中秉持的关于劳动的信念信仰和人格特质。劳动精神主要表现为：学生能领会'劳动是一切幸福的源泉''幸福是奋斗出来的'的内涵与意义；继承中华民族勤俭节约、敬业奉献的优良传统；弘扬开拓创新、砥砺奋进的时代精神；感知爱岗敬业、甘于奉献的劳模精神；培育百折不挠、艰苦奋斗的革命精神，以及精益求精、追求卓越的工匠精神。"

（二）"劳动精神"的概念分析

课程标准对于劳动精神的表现解读分为三个层次，即"领会内涵、继承传统、弘扬感知培育四种精神"。

"劳动精神"描述中所使用的动词也是符合学习的循序渐进、螺旋上升的规律的，从"领会"这个接近"知道、理解"的较为低阶的要求开始，进而要求能"继承"，最后要求"弘扬"，也就是要求学生从"知道理解"升华到去身体力行去弘扬。义务教育阶段到底需要培养学生什么样的劳动精神？课程核心素养明确给出了答案，即时代精神、革命精神、劳模精神和工匠精神这四种精神。四种精神既突出了时代也不忘过去的优良传统，也有具象的"人物"形象，即"劳模"和"工匠"，让学生在精神的学习中能有一些摸得着、看得到的抓手。

二、"劳动精神"的素养表现

（一）"劳动精神"的素养分级

课程标准中的第五部分专门提出了"劳动素养要求"，并把义务教育阶段按照学段分为四段，由低到高进行了素养表现分级。

1—2 年级的"劳动精神"素养表现在：能在劳动过程中不怕脏、不怕累。

3—4 年级的"劳动精神"素养表现在：形成勤俭节约、不怕困难的精神。

5—6 年级的"劳动精神"素养表现在：初步形成不畏艰辛、积极探索、追求创新的精神。

7—9 年级的"劳动精神"素养表现在：劳动中能不断追求品质、精益求精，牢固树立勤俭、奋斗、创新、奉献的劳动精神。

（二）"劳动精神"的素养分析

"劳动精神"在不同学段上的教学要求是有区别的。根据课程标准中的学段目标，1—2年级侧重"不怕脏、不怕累"，3—4年级侧重"勤俭节约、不怕困难"，5—6年级强调"积极探索、追求创新"，7—9年级侧重"不畏艰辛、锐意进取、精益求精"。

三、"劳动精神"的评价设计

（一）"劳动精神"的评价设计

劳动精神是四个劳动课程核心素养中最难以观察的，因为劳动精神是指在劳动观念、劳动能力、劳动习惯和品质的培养过程中形成和发展的，在劳动实践中秉持的关于劳动的信念信仰和人格特质。精神的发展不是一节课或几节课就能体现的，需要一个学期甚至三年的时间去发展，往往体现在阶段性评价中，教师可以采用"说"或"写"的方式进行评价设计。那么写什么？说什么呢？好在课程标准中对劳动精神有了四个具体化的精神可以作为抓手，即时代精神、革命精神、劳模精神和工匠精神。

（二）"劳动精神"的表现

教师可以通过学生的文字感悟中发现他们在劳动精神上的变化，如对劳动项目作品加工精益求精的"工匠精神"，遇到困难不畏艰辛、锐意进取的"劳模精神"等。

示例六　把一个简单的物品做精细

撰写人：初二（七）班　朱瑞泽　劳动课教师：北京市日坛中学　林彦杰

衣架是我们劳动课中的一个作品，为了让我的衣架更稳定，在完成作品后，我先逐一观察了衣架各处细节是否稳定、有没有做安全保护，以防在后期使用时，刮破衣物或者伤到他人。课上老师还建议我们带一件衣服，试一试衣架是否可以用，于是我就把校服外套脱了下来进行试验，我发现在挂衣服的时候，衣物左侧总是挂不住，使得衣物滑落。这说明这一侧的凹槽没有很好地实现功能，于是，我再次调整凹槽，不断完善，使它更好地实现功能。作品完成后，我发现大家的衣架造型都很像，但是由于工艺的差异使得衣架的实用性参差不齐，于是我使用自己的衣架尺寸作为模板，利用木板、塑料瓶盖等材料，制作了一个衣架模具。这样同造型的衣架，大家只需要使用模具，就能很快完成。模具的制作，让我感到十分有成就感，不仅能把自己的衣架做得越来越好，还能帮助其他同学，量产衣架，让我收获了极大的满足感和自豪感。

示例七　城市美容师的爱岗敬业

撰写人：初二（四）班　李玥霖　劳动课教师：北京市日坛中学　林彦杰

疫情期间，我和家长一起在家里做卫生，我感到非常充实辛苦，也很快乐。开始做之后，我发现家庭清洁真的不是一件容易的事。之前我只打扫过教室的卫生，因为物品摆放简单所以很好收拾。但是家里完全不一样，家里有很多的家具和房间，因此存在非常多细小的卫生死角，比如卫生间，妈妈平时不光要每天扫地拖地，还得擦拭卫生间的各个角落，以防滋生细菌、生锈。这些家里不起眼的地方，其实都需要打扫，再想想社会上的清洁工们，他们每天又要打扫多久，手臂会多酸呢？一年四季，不管是什么季节，他们都要去清扫，尤其是现在疫情期间，防疫要求在不断上升，他们依旧无怨无悔，给北京带来一片洁净，这种爱岗敬业、甘于奉献的精神值得我们每个人去学习。以后我也会积极劳动，用劳动创造未来。

第十章
劳动课程"三观三类"的学生评价

新时代义务教育阶段《劳动课程标准》的发布给劳动教育的科学规范评价带来新契机。《劳动课程标准》在"课程实施"一章中专门设有"课程评价建议"一部分，其中明确指出"劳动课程评价是劳动课程体系建设的重要组成部分，对促进劳动课程的目标实现、保障劳动教育的实施效果等具有重要意义。劳动课程评价要遵循基本的原则，注重平时表现评价和阶段综合评价"。根据课程标准，探索提出了以"三观三类"为特征的劳动教育学生评价体系，即宏观（三年或六年）、中观（一学期或一个任务群）及微观（一节课或一次活动）的"三观"评价和课堂劳动评价、家庭劳动评价、校外劳动评价"三类"。

第一节　劳动教育的宏观评价

劳动课程评价是劳动课程体系建设的重要组成部分，对促进劳动课程的目标实现、保障劳动教育的实施效果等具有重要意义。这里所指的评价对象是学生，2022年4月颁布的《劳动课程标准》提出了平时表现评价和阶段综合评价两类。

表 10-1　平时表现评价与阶段综合评价对比

	平时表现评价	阶段综合评价
评价目的	了解学生在劳动过程中的表现，判断学生的劳动效果，调整教学实施，更好地实现课程教学目标	学期、学年或学段结束时进行的综合评价，反映学生劳动课程学习的水平和核心素养的阶段性达成情况
评价内容	不同类型的劳动内容、不同任务群，评价的侧重点有所不同。日常生活劳动侧重于卫生习惯、生活能力和自理、自立、自强意识等的评价。生产劳动侧重于工具使用和技能掌握、劳动价值观、劳动质量意识，以及劳动精神等的评价。服务性劳动侧重于服务意识、社会责任感等的评价	1—2 年级要侧重于评价学生劳动意识的建立、个体日常生活技能的掌握；3—6 年级侧重于评价劳动观念、劳动习惯的养成和基本劳动技能的掌握；7—9 年级侧重于评价劳动能力的提升、劳动品质的形成和劳动精神的培养，以及设计能力、团队合作能力的形成等
评价方法	以表现性评价为主，可以采用劳动任务单、劳动清单、劳动档案袋等工具	采用过程性评价与结果性评价相结合的方式。过程性评价可结合档案袋进行；结果性评价可采用测评形式，通过考查学生在完成测评任务过程中的表现来进行

　　虽然课程标准提出了对学生的平时表现评价和阶段综合评价，但是为了让评价更具可操作性，笔者构建了以"三观三类"为特征的劳动教育评价体系，更加科学地规范分场域和时长进行横向纵向评价。把课程标准所说的平时表现评价和阶段综合评价进行了细化。

　　"三观"指根据劳动时长来分。宏观一般指学生小学六年或初中三年的劳动情况，中观指学生在某一个类型（如课堂劳动、家庭劳动、校外劳动）或某个任务群整体的劳动教育过程性评价，一般以一个学期为时间单位。比如课堂劳动学习的通用表格或者家庭劳动的通用表格。微观是指一次（节）课的学生评价，比如课堂劳动学习一节课或两节联排，比如家庭劳动完成一个菜，比如完成一次志愿服务劳动。这个评价就更加具体但又要能快速操作做出评判。三者的关系是，微观成绩可以浓缩为等级计入中观评价，中观评价合成为宏观评价。

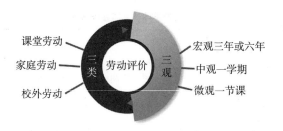

图 10-1 劳动教育评价按"三观三类"进行分场域分时长评价

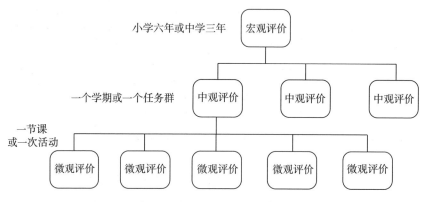

图 10-2 微观评价、中观评价与宏观评价的关系

一、宏观评价概念

劳动教育的学生宏观评价一般指学生在小学六年或初中三年的整体劳动情况的评价。在《劳动课程标准》中的"阶段综合评价"是指学期、学年或学段结束时进行的综合评价，反映学生劳动课程学习的水平和核心素养的阶段性达成情况。这里的宏观学生评价从时间维度上比课程标准中的"阶段综合评价"要广。

二、宏观评价的目的与主体

（一）劳动教育的学生宏观评价的目的

劳动教育的学生宏观评价的目的主要是学生在小学毕业或初中毕业

时，对学生小学六年或初中三年的劳动教育进行的整体综合评价。在 2020 年 3 月中共中央国务院颁发的《关于全面加强新时代大中小学劳动教育的意见》中指出，"把劳动素养评价结果作为衡量学生全面发展情况的重要内容，作为评优评先的重要参考和毕业依据，作为高一级学校录取的重要参考或依据"。学生小学六年或初中三年的劳动宏观评价可以作为评优评先的重要参考和毕业依据，作为高一级学校录取的重要参考或依据。

（二）劳动教育的学生宏观评价的主体

劳动教育的学生宏观评价是对学生小学六年或初中三年的劳动教育进行的整体综合评价，所以评价的主体应该是中小学校。具体由劳动课教研组主管汇总劳动课教师、教育处团委、家长等给出的每学期（中观评价）成绩情况形成宏观评价成绩（可以用等级形式呈现），或由区县教育业务部门组织劳动教育测评作为重要参考。

三、宏观评价的内容与形式

（一）劳动教育的学生宏观评价的内容

劳动教育的学生宏观评价的内容包括小学六年或初中三年来，在日常生活劳动、生产劳动、服务性劳动的参与情况、劳动周的参与情况、劳动成果的情况。内容应该综合学生小学六年或初中三年劳动教育的整体情况，给出评语或等级，不宜过细进行评价。评价内容是建立在中观评价的基础上，也就是每个学期学生在日常生活劳动、生产劳动、服务性劳动的参与情况、劳动周的参与情况、劳动成果的情况。

（二）劳动教育的学生宏观评价的形式

宏观评价的形式分为过程性评价和终结性评价。过程性评价可以由劳动课教研组主管汇总每个学生的每学期（中观评价）成绩情况，给出宏观的过程性评价成绩。终结性评价可以通过由区县教育业务部门组织劳动教育测评作为重要参考，测评方式可以采用笔试形式或劳动操作的形式，反映学生劳动课程学习的水平和核心素养的达成情况，建议以等级体现。

（三）劳动教育的学生宏观评价表示例

表 10-2　学生宏观劳动教育评价表

姓名	过程性评价等级	终结性评价等级	评语评价或等级

第二节　劳动教育的中观评价

一、中观评价的概念

劳动教育的中观评价指某一个类型（如课堂劳动、家庭劳动、校外劳动）或某个任务群一个学期的劳动教育过程性评价。可按小学、初中与高中阶段，每个阶段分课堂劳动学习、家庭劳动学习、校外公益劳动与志愿服务三类评价指标。在《劳动课程标准》中的"阶段综合评价"是指学期、学年或学段结束时进行的综合评价，这个范围与笔者指的"中观评价"的范围接近。

二、中观评价的目的与主体

（一）劳动教育的学生中观评价的目的

劳动教育的学生中观评价是呈现某一个类型（如课堂劳动、家庭劳动、校外劳动）或某个任务群一个学期的学生劳动情况，其目的主要是三方面。一是反映学生的劳动情况，激励促进学生认真参与劳动学习与实践，改进自己的不足。教师要着眼于学生劳动过程的动态发展，充分肯定学生在劳动中的进步，正确对待劳动中出现的问题，鼓励学生不断改进提高。二是通过评价来改进教师学期或学年的教学安排，提高课程规划和备课水平。三是反思教师、家长、学生、校外机构人员等多元主体评价作用，通过评价也要向除了教师之外的评价主体反馈劳动教育的情况，形成合力，共同完善劳动教育。

（二）劳动教育的学生中观评价的主体

劳动教育的学生中观评价是对学生某个任务群某个类型劳动或一个学期的劳动教育进行的阶段综合评价，所以评价的主体应该是中小学校。某个任务群的劳动评价由劳动课教师做出，校外课外劳动活动的评价由校外机构人员或教育处团委做出，家庭劳动评价由家长等家庭成员给出。

三、中观评价的内容与形式

（一）劳动教育的学生中观评价的内容

由于劳动教育在中小学校具体实施的情况不同，我们把中观评价分为两类，一类是学校按某个任务群或某个类型实施一个学期的情况，另一类是各任务群及劳动周混合实施一个学期的情况。前者的评价内容主要由劳动课程核心素养决定，包括学生在该类型（如课堂劳动、家庭劳动、校外劳动）或某个任务群一个学期的劳动观念、劳动能力、劳动习惯和品质及劳动精神上的发展变化情况。后者的中观评价的内容维度包括三大类劳动及劳动周、劳动成果，等级维度包括具体参与的项目、劳动时长及劳动的具体表现。

（二）劳动教育的学生中观评价的形式

劳动教育的评价具有特殊性，不是简单地做选择题，而是丰富的劳动体验活动。评价要基于劳动过程的记录，利用劳动清单记录劳动项目参与、劳动技能掌握、劳动习惯养成等情况。课程标准中给我们列出了家庭劳动清单示例。

表 10-3　家庭劳动清单（3 年级示例）

项目内容	评价指标			
	劳动参与		劳动技能	
	偶尔参与	经常参与	基本掌握	熟练掌握
整理学习用品				
打扫房间				
清洗个人衣物				
制作简单食品				
使用家用电器				
参与绿植养护				
劳动体会				
家长整体评价				

中观评价的形式分为过程性评价和终结性评价。过程性评价可以由劳动课教师、家长、校外机构人员及教育处团委老师分别根据劳动课堂、家庭、校外劳动基地的学生一个学期的劳动情况给出。终结性评价可以由劳动课教师根据学生一个学期的劳动情况综合给出评定等级或评语，反映学生一个学期劳动课程学习的水平和核心素养的达成情况。

中观评价的具体方式还可以利用数字化档案袋有目的地收集学生一段时间内劳动学习与实践情况，建立相应的数字化平台，包括劳动方案、劳动过程的照片和视频、劳动成果、劳动日志、自我反思、他人评价等。数字化劳动档案袋也便于劳动教师快速了解大量学生在该段时间内做出的努力、取得的进步和成就。

（三）劳动教育的学生中观评价表示例

2022 年 4 月，教育部颁布了义务教育《劳动课程标准》，其中给出了阶段综合评价表。

表 10-4　义务教育《劳动课程标准》中的阶段综合评价表

劳动内容	参加的劳动项目	劳动时长	劳动表现
日常生活劳动			
生产劳动			
服务性劳动			
劳动周			
参与的项目	项目概述		
劳动成果			
成果名称	成果简介		
劳动测评			
测评任务	任务表现		
阶段综合评价结果	□优秀 □良好 □合格 □不合格		

某个学期或某个任务群（一学期）是劳动教育中观评价的时间范围，笔者根据劳动课程核心素养作维度，细化设计了小学某个学期或某个任务群（一学期）的课堂劳动过程性评价量表。

表 10-5　小学某个学期或某个任务群（一学期）的课堂劳动过程性评价量表

一级指标（出自课标）	二级指标（选自课标）	三级指标（具体观察点）
劳动观念 15%	认识到劳动是推动人类社会进步的根本力量，理解"劳动托起中国梦"的重要意义 10%	能说出该材料如何推动人类社会发展
		能说出该种劳动形式如何推动了"中国梦"的实现
	懂得"幸福是奋斗出来的"的道理，初步建立劳动荣誉感和幸福感 5%	看到自己完成的劳动作品，内心有荣誉感和幸福感
劳动能力 60%	能够了解现代生产劳动的特点，具备适当参加生产劳动和服务性劳动的基本知识与技能，初步形成职业发展的意向 50%	知道所涉及实践项目的劳动材料的基本特性和应用领域；如纸（皱纹纸、红纸）、木板（密度板、三合板）、小动物（金鱼、小鸡、小鸭子）等
		能发现问题并运用简单方法收集信息，提出符合设计要求的解决方案
		正确使用绘图工具绘制设计草图
		说出所涉及劳动工艺的流程和难点。如锯割、剪裁、捏塑、喂养等
		正确使用所涉及实践项目的常用劳动工具和设备，完成劳动作品的制作
	具备针对劳动过程中存在的问题进行检测、改进、优化的能力 10%	能及时发现所涉及劳动项目设计制作过程中的问题
		能观察思考、通过组内讨论或向教师和家长求教，及时解决问题、改进并优化项目
劳动习惯与品质 15%	具有主动参与、积极劳动的习惯 5%	主动融入小组合作，积极参与劳动实践
		养成课后主动打扫卫生、收纳工具的习惯
	养成自觉遵守行业劳动法规、标准与实际运行规则的习惯 5%	知道常用工具设备的使用规程
		养成负责任的、安全操作的习惯
	具备创新创造的欲望和实践探索，主动迎接劳动创造带来的挑战 5%	不仅仅限于完成老师要求的项目，对所进行的劳动实践项目有创新创造的探究欲望
		不畏惧劳动领域的新事物，能主动迎接尝试所带来的挑战
劳动精神 10%	懂得"空谈误国，实干兴邦"的道理，树立勤勉劳动的精神 5%	能积极独立完成劳动实践活动
	坚持锐意进取、建功新时代的奋斗精神 5%	面对困难不退缩，想办法积极克服困难
		在劳动实践中不怨天尤人，有担当

初中家庭劳动内容主要包括收纳与整理（家居清洁、家居美化、物品收纳与整理）和烹饪与营养（主食、冷菜、热菜等）两个任务群。笔者根据劳动课程核心素养作维度，细化设计了初中家庭劳动中观（家庭劳动某任务群一个学期）评价量表。

表 10-6　初中家庭劳动中观（家庭劳动某任务群一个学期）评价量表

一级指标 （出自课标）	二级指标 （选自课标）	三级指标 （具体观察点）
劳动观念 25%	懂得"幸福是奋斗出来的"的道理，初步建立劳动荣誉感和幸福感 10%	听父母讲家庭的历史故事，感受家业一步步发展，体会幸福是奋斗出来的，树立正确的家庭劳动观
		能通过家庭劳动，看到成果感到荣誉感和幸福感，提高家庭主人翁意识
	具备热爱劳动、劳动人民的深厚思想感情，增强家庭责任意识，具有服务他人和社会的劳动情怀 10%	了解家政服务员、物业服务员、小区保洁员的工作，增强对劳动人民的深厚感情，增强服务他人和社会的劳动情怀
		了解父母的职业，知道他们为家庭承担的责任，认识自己对家庭的责任，增强家庭意识
	树立劳动最光荣、劳动最崇高、劳动最伟大、劳动最美丽的观念 5%	学习劳模故事，树立劳动光荣伟大的观念
劳动能力 45%	承担一定的家务劳动，掌握必要的家政技能，进一步培养生活自理能力和习惯 35%	每周 1 次独立进行家庭地面清洁、房间清洁外，外出长途旅行前自己进行旅行箱的整理
		每年独立进行 2—3 次换季衣服的整理收纳
		利用传统节日、国庆节、家人生日等，与家人共同完成家居美化
		根据家庭成员饮食特点，设计一日三餐，每周独立制作午餐或晚餐中的 3—4 道菜
	具备针对劳动过程中存在的问题进行检测、改进、优化的能力 10%	能针对家庭劳动过程中的问题在家长和老师的指导下，进行改进和优化
劳动习惯 与品质 15%	具有主动参与、积极劳动的习惯 10%	能主动、积极、持续坚持进行家庭劳动
	养成自觉遵守行业劳动法规、标准与实际运行规则的习惯 5%	养成遵守家政劳动相关劳动的法规的习惯
		在家庭劳动过程中能按照正确的、规范的方法和流程进行劳动

续表

一级指标 （出自课标）	二级指标 （选自课标）	三级指标 （具体观察点）
劳动精神 15%	具有为社会发展和国家建设付出辛勤劳动的意愿，具备不畏艰辛、不断创新的钻研攀登精神15%	愿意为家庭的洁净和美化付出辛勤劳动
		愿意为家庭成员进行力所能及的照料等劳动
		愿意克服困难、创新劳动方法

　　高中校外劳动主要包括公益劳动与志愿服务任务群和现代服务业任务群。课标要求学生能选择服务性岗位，经历真实的岗位工作过程，获得真切的职业体验，培养职业兴趣；积极参加大型赛事、社区建设、环境保护等公益活动、志愿服务，强化社会责任意识和奉献精神。笔者根据劳动课程核心素养作维度，细化设计了高中校外公益劳动与志愿服务任务群（一个学期）的中观评价量表。

表 10-7　高中校外公益劳动与志愿服务任务群（一个学期）的中观评价量表

一级指标 （出自课标）	二级指标 （选自课标）	三级指标 （具体观察点）
劳动观念 25%	认识到劳动是推动人类社会进步的根本力量，理解"劳动托起中国梦"的重要意义10%	深刻认识到所体验职业的基本情况，理解该职业是如何促进经济社会发展的
		认识到所体验职业在实现中国梦过程中的重要意义
	懂得"幸福是奋斗出来的"的道理，初步建立劳动荣誉感和幸福感5%	体验出汗出力，体验劳动不易，懂得"幸福是奋斗出来的"的道理
		通过参与校外劳动增强荣誉感和幸福感
	具备热爱劳动、劳动人民的深厚思想感情，增强家庭责任意识，具有服务他人和社会的劳动情怀10%	具备热爱劳动、劳动人民的深厚思想感情
		通过公益劳动和志愿服务以及职业体验，形成愿意为他人和社会提供志愿服务的观念

一级指标 （出自课标）	二级指标 （选自课标）	三级指标 （具体观察点）
劳动能力 40%	能够了解服务性劳动和公益劳动志愿服务的基本知识与技能，通过选择服务性岗位，经历真实的岗位工作过程，形成职业发展的意向，强化社会责任意识和奉献精神 30%	具备参加大型赛事等公益活动和志愿服务的基本知识与技能，如引导、翻译、宣传、演讲等
		具备参加如社区建设等公益活动和志愿服务的基本知识与技能，如引导、翻译、宣传、演讲等
		具备参加如环境保护等公益活动和志愿服务的基本知识与技能，如引导、翻译、宣传、演讲等
		通过选择服务性岗位，经历真实的岗位工作过程，获得真切的职业体验，培养职业兴趣
	初步了解劳动活动的组织管理和生产单位的经营知识，具有对新形态劳动的体验与相关能力 10%	了解劳动活动的组织管理和生产单位的经营知识，如管理、安全、人事、营销、分配等知识
		具有对新形态劳动的体验与相关能力，如信息产业、文化产业
	具备针对劳动过程中存在的问题进行检测、改进、优化的能力	具备针对劳动过程中存在的问题进行检测的能力
		具备针对劳动过程中存在的问题进行改进、优化的能力
劳动习惯和品质 15%	具有主动参与、积极劳动的习惯 5%	能主动参与、在后续持续积极劳动
	养成自觉遵守行业劳动法规、标准与实际运行规则的习惯 5%	养成自觉遵守行业劳动法规、标准与实际运行规则的习惯
	具备创新创造的欲望和实践探索，主动迎接劳动创造带来的挑战 5%	具备创新创造的欲望和实践探索，主动迎接劳动创造带来的挑战
劳动精神 20%	懂得"空谈误国，实干兴邦"的道理，树立勤勉劳动的精神 5%	通过参加现代服务性劳动懂得"空谈误国，实干兴邦"的道理，树立勤勉劳动的精神
	坚持锐意进取、建功新时代的奋斗精神 5%	坚持锐意进取、建功新时代的奋斗精神
	具有为社会发展和国家建设付出辛勤劳动的意愿，具备不畏艰辛、不断创新的钻研攀登精神 10%	乐于参与相关的劳动，具有为社会发展和国家建设付出辛勤劳动的意愿
		积极进行劳动实践，具备不畏艰辛、不断创新的钻研攀登精神

第三节　劳动教育的微观评价

一、微观评价的概念

微观是指一次课的课程评价，比如课堂劳动学习一节课或两节联排，比如家庭劳动完成烹饪一道菜，比如完成一次志愿服务劳动。这个评价就更加具体但又要能快速操作做出评判。课程标准中给出了一节剪纸课的微观评价标准示例。

二、微观评价的目的与主体

（一）劳动教育的学生微观评价的目的

劳动教育的学生微观评价是呈现某一节劳动课或在家庭及校外完成一次劳动活动的学生劳动情况，其目的主要包括三方面。一是反映学生一节课或一次活动的劳动情况，激励促进学生认真参与劳动学习与实践，改进自己的不足。教师要关注学生劳动过程中的语言行为表现，肯定学生在劳动中的正向素养表现，正确对待劳动中出现的问题，鼓励学生不断改进提高。二是通过评价来改进教师当堂课的教学设计，通过学生评价可以看出学生在本节课或这次活动中是否达成教学目标，学生如果没有达成教师制定的教学目标，要反思自己的教学。三是反思教师、家长、学生、校外机构人员等多元主体评价作用，通过评价也要向除了教师之外的评价主体反馈劳动教育的情况，形成合力，共同完善劳动教育。

（二）劳动教育的学生微观评价的主体

劳动教育的学生微观评价是对学生某一节课或某一次家庭及校外劳动

情况进行的平时表现评价，所以评价的主体应该是中小学校当堂课的教师或当次活动的家长或校外机构人员。某一节课的课堂劳动评价应由劳动课教师做出，校外课外劳动活动的评价由校外机构人员或教育处团委做出，某一次家庭劳动评价由家长等给出。

三、微观评价的内容与形式

（一）劳动教育的学生微观评价的内容

微观评价的内容是以学生劳动课程核心素养的发展为主，考查学生在本节课中劳动观念、劳动能力、劳动习惯和品质及劳动精神上的发展变化情况。由于活动时间较短，评价内容不宜过于复杂，便于教师根据学生表现情况快速做出判断。

（二）劳动教育的学生微观评价的形式

微观评价的形式主要采用过程性评价。虽然是过程性评价，但也细分为学生的劳动过程评价和劳动成果评价两个部分。过程评价可以由劳动课教师、家长、校外机构人员及教育处团委老师分别根据学生在劳动课堂、家庭、校外劳动基地当时劳动过程的情况给出，包括外显性行为、语言表达、交流情况。劳动成果评价可以由以上相关评价主体根据学生劳动的成果（形式如一个木工作品或一道菜）给出评定等级或评语，主要从成果的完成度、外观、功能、稳定性、文化等角度反映学生劳动能力的水平。

有条件的学校应该建立数字化劳动档案，鼓励学生把每节课或每次校外课外的劳动成果及过程，以劳动方案、劳动过程的照片和视频、劳动成果、劳动日志、自我反思、写感悟等形式展示，便于他人评价，也便于最后汇集微观评价形成一个学期的中观评价。

（三）劳动教育的学生微观评价表示例

2022年4月颁布的《劳动课程标准》中给出了一节剪纸课的微观评价标准示例。评价表从劳动课程核心素养出发，科学简练、可操作性强。

表 10-8　剪纸任务的评价标准

核心素养	主要表现特征
劳动观念	积极、愉快地参加劳动
劳动能力	文字构图设计合理，有一定的局部造型变化；熟练使用剪刀或刻刀；剪纸作品线条较流畅
劳动习惯和品质	认真完成劳动任务，劳动过程中注意力集中；能规范摆放剪刀或刻刀，能主动整理桌面，将废弃纸屑投入相应的垃圾桶，保持桌面干净整洁
劳动精神	遇到困难努力解决；对作品品质要求高，精益求精

第四节　家庭劳动教育的评价

"三类"指根据场域划分，三类评价主要包括课堂劳动学习评价、家庭劳动评价、校外劳动学习评价三类，"三类"之间的关系是并列关系。表 10-9 对三类劳动评价类型（以过程性评价为主）进行了比较。

表 10-9　三类劳动评价类型比较

过程性评价类型	评价方式	评价方法	评价主体
课堂劳动的过程性评价	观察学生在课堂劳动考勤听讲、方案讨论、技能操作、交流合作、展示表达等劳动实践活动的情况	观察法	以学生、教师为主
家庭劳动的过程性评价	记录学生在家庭劳动中收纳与整理、烹饪与营养等家庭劳动任务完成情况	记录法	以家长为主
校外劳动的过程性评价	观察学生到校外参加公益劳动和志愿服务以及现代服务业体验等劳动活动的表现，来证明学生劳动素养是否达成	观察法	以校外专家和教师为主

一、家庭劳动评价的概念

劳动教育中的家庭作业主要表现为在家庭进行的劳动学习、体验、实践活动。主要包括收纳与整理、烹饪与营养两个任务群。劳动教育中的家庭劳动评价体现为学生在家庭中对劳动任务完成过程情况的评价。

二、家庭劳动评价的目的与主体

（一）家庭劳动学生评价的目的

家庭劳动的学生评价是呈现学生在家庭这个场域中一次或多次进行劳动活动情况。其目的主要是两个方面。一是反映学生在家庭劳动活动的情况，激励促进学生认真参与家庭劳动学习与实践，增强家庭主人翁意识，提高自理自立能力。家长要细心指导孩子的劳动活动，关注孩子在劳动过程中的语言行为表现，肯定学生在家庭劳动中的正向素养表现，耐心对待家庭劳动中出现的问题，鼓励孩子不断提高自理自立能力。二是通过评价反馈给家长和教师，家长要反思自己在家庭劳动教育中的得失利弊，教师要反思学校劳动课中涉及家庭部分的教学是否需要改进。

（二）家庭劳动学生评价的主体

家庭劳动的场域决定了其评价主体以家长为主、教师为辅。家庭劳动的教学不能由家长完成，家长更多的是在家庭劳动中起指导和保护作用。家庭劳动内容的教学应由教师在学校进行。因此，教师作为家庭劳动的教学主体，也应该参与评价。教师应该利用学生评价反思自己的教学过程。

三、家庭劳动评价的内容与形式

（一）家庭劳动学生评价的内容

初中家庭劳动内容主要包括持续开展日常生活劳动，增强生活自理能力，固化良好劳动习惯。家庭劳动的具体内容包括收纳与整理、烹饪与营养两个任务群，可以通过劳动课程核心素养作为维度对学生在家庭中的劳动进行评价，包括劳动观念、劳动能力、劳动习惯和品质及劳动精神上的发展变化情况。

（二）家庭劳动学生评价的形式

在家庭劳动中可以采取劳动任务清单的形式进行记录和评价，由家长指导学生如实记录完成劳动任务的情况和表现，收集整理相关制品、作品及照片等，引导学生在家庭劳动的实践中养成劳动习惯，学会劳动、学会生活。

（三）家庭劳动学生评价表示例

家长可以自行布置劳动任务，也可以配合教师在学校进行的劳动教学来布置家庭劳动任务。要注意结合不同学生认知和能力特点，基于劳动能力差异，有针对性设置不同层次的劳动任务要求。如强调掌握家庭收纳与整理的基本劳动知识和技能，掌握烹饪实践操作的基本原理、程序、规则，正确使用烹饪工具的方法和技术。通过评价不同层次、不同要求的劳动任务，及时了解学生劳动学习效果和劳动目标达成情况。笔者依据劳动课程核心素养进行细化，设计了初中家庭劳动西红柿炒鸡蛋活动的评价表。由于是一次家庭劳动的评价表，简单易操作，故只设计了两级指标。

表 10-10 初中家庭劳动西红柿炒鸡蛋活动的评价表

一级指标	三级指标（具体观察点）
劳动观念	认识到父母每天做饭的艰辛，懂得人人都要劳动、劳动带来美好生活的道理
劳动能力	知道西红柿和鸡蛋的营养及加工特点，理解合理膳食搭配
	能独立完成西红柿炒鸡蛋，味道较好，能分析味道不佳的原因
劳动习惯和品质	养成活动后主动打扫卫生、收纳工具的习惯 养成安全规范使用厨具的劳动习惯
	面对困难不退缩，能有序耐心积极地完成本菜
劳动精神	领会"劳动是一切幸福的源泉"的内涵与意义

第五节　课堂劳动教育的评价

一、课堂劳动评价的概念

课堂劳动学习的评价是针对学生在课堂学习中的学习行为、方式以及学习表现进行评价，既要依据课程标准全面检查学生所学的基本的劳动知识和技能，还要进一步评价学生在劳动实践过程中是否形成正确的劳动观念、是否具备积极的劳动精神、是否具备良好的劳动习惯和品质、是否具备完成一定劳动任务所需要的设计、操作能力及团队合作能力。

二、课堂劳动评价的目的与主体

（一）课堂劳动学生评价的目的

课堂劳动评价的目的是从行为表现和课堂作品中分析判断学生劳动观念形成情况、劳动能力达成水平、劳动品质和劳动精神现状以及劳动学习中的问题，明确进一步学习和改进的方向。评价有两方面的目的，一是反映学生一节课的劳动情况，激励促进学生认真参与课堂劳动学习与实践，改进自己的不足。教师要关注学生劳动过程中的语言行为表现，正确对待劳动中出现的问题，鼓励学生不断改进提高。二是通过评价来改进教师当堂课的教学设计，通过学生评价可以看出学生在本节课中是否达成教学目标，学生如果没有达成教师制定的教学目标，要反思自己的教学。

（二）课堂劳动学生评价的主体

课堂劳动学生评价的主体是劳动课教师和学生。在评价中要充分发挥教师、学生等不同角色的作用，从不同的视角进行评价。创造机会让学生开展自我评价和相互评价，结合教师评价，学会正确评价自己的进步，反思自己的不足，更好地进行学习。综合利用各评价主体的评价结果，促进所有教育参与者教育行为和方式的改变。同伴之间的互评也非常重要，学生在互评的过程中，能彼此交流、发现问题、互相激励。

三、课堂劳动评价的内容与形式

（一）课堂劳动学生评价的内容

课堂劳动的内容包括工业生产劳动、传统工艺劳动、家用器具的使用与维护等劳动任务群。课堂劳动学习评价的内容可以通过劳动课程核心素养作为维度对学生在家庭中的劳动进行评价，包括劳动观念、劳动能力、劳动习惯和品质及劳动精神上的发展变化情况。

（二）课堂劳动学生评价的形式

课堂劳动学生评价的形式主要采用过程性评价。虽然是过程性评价，但也细分为学生的劳动过程评价和劳动成果评价两个部分。过程性评价由劳动课教师根据学生当时劳动过程的情况给出，包括外显性行为、语言表达、交流情况。劳动成果评价可以由以上相关评价主体根据学生劳动的成果（形式如完成一个木工作品或完成一个掐丝作品等）给出评定等级或评语，主要从成果的完成度、外观、功能、稳定性、文化等角度反映学生劳动能力的水平。有条件的学校应该建立数字化劳动档案，鼓励学生把每节课的劳动成果及过程，以劳动方案、劳动过程的照片和视频、劳动成果、劳动日志、自我反思、写感悟等形式展示，便于他人评价，也便于最后汇集微观评价形成一个学期的中观评价。课堂评价的方法以观察法为主，以观察评价学生在课堂劳动过程中的行为和学生劳动成果完成情况为主。

（三）课堂劳动学生评价表示例

课堂劳动学习评价方式要结合具体的学习目标和学习内容，采取合理、有效、多种形式的评价方式。如劳动技能操作、方案设计、劳动作品制作、劳动实践活动过程记录、交流与合作表现、展示等。综合利用各种方式，发挥评价促进与优化教学、评价促进学生发展的作用。笔者根据劳动课程核心素养的要求，细化设计了初中课堂劳动 8 年级工业生产劳动中《金蝉脱壳》一课的评价表。

表 10-11　初中课堂劳动 8 年级工业生产劳动中《金蝉脱壳》一课的学生评价表

一级指标	三级指标（具体观察点）
劳动观念	能说出常见金属材料如何推动人类社会发展
	能说出钳工如何推动了"中国梦"的实现
	看到自己完成的劳动作品，内心有荣誉感和幸福感
劳动能力	认识铁、铜等常见金属材料及常见特性
	正确识读金蝉脱壳的图纸，包括数量和尺寸
	会对 1—2mm 直径的铁丝进行锯割、锉削、截断、弯曲等操作
	在指定的 30 分钟内完成金蝉脱壳的制作，表面较为光滑、尺寸正确
劳动习惯和品质	养成课后主动打扫卫生、收纳工具的习惯
	知道钳子等常用工具的使用规程，养成负责任的、安全操作的习惯
	面对困难不退缩，想办法积极克服困难
劳动精神	在创作金蝉脱壳项目过程中养成精益求精、追求卓越的工匠精神

第六节　校外劳动教育的评价

一、校外劳动评价的概念

校外活动是劳动教育的重要方面，是除了学校、家庭之外的由社会承担的劳动教育的重要组成部分。校外劳动机构包括养老院、图书馆、科技馆、纪念馆、植物园、动物园、流浪动物救助站、比赛场馆、社区等公共空间与社会机构。校外劳动评价是对学生在校外参加公益劳动与志愿服务、体验现代服务业两个任务群等学业质量进行诊断性评价的重要方式。

二、校外劳动评价的目的与主体

（一）校外劳动学生评价的目的

校外劳动学生评价的目的是从行为表现和校外劳动作品中分析判断学生在校外劳动过程中劳动观念形成情况、劳动能力达成水平、劳动品质和劳动精神现状以及劳动学习中的问题，明确进一步学习和改进的方向。校外劳动学生评价也有助于提高校外劳动机构服务水平和学校校外劳动的组织水平。

（二）校外劳动学生评价的主体

校外劳动学生评价的主体以校外劳动机构的专家等人员和劳动课教师为主。鼓励学生进行自评和互评。

三、校外劳动评价的内容与形式

（一）校外劳动学生评价的内容

校外劳动活动评价要围绕构成学生劳动素养的四个维度展开，注重在评价基本劳动知识和技能的基础上，进一步评价劳动观念、劳动意识、劳动品质。

（二）校外劳动学生评价表示例

笔者根据劳动课程核心素养的要求，细化设计了初中校外劳动图书上架活动的评价表。由于是一次校外劳动的评价表，易简单易操作，故只设计了两级指标。

表 10-12　初中校外劳动图书上架活动的评价表

一级指标 （出自课标）	三级指标（具体观察点）
劳动观念	认识到书籍是人类的精神食粮、是人类文明延续的营养，在日常使用中爱护图书的行为习惯
	尊重图书管理员的工作
劳动能力	知道书籍入库上架的主要流程包括查重、盖章、贴条码、贴防盗磁扣、编目、著录等环节
	知道中图分类法，并通过识别图书分类号找到其准确的位置，承担收书上架的服务工作
劳动习惯和品质	养成活动后主动打扫卫生的习惯 养成负责任的、安全操作的习惯
	面对较多的书籍，面对困难不退缩，能耐心积极地完成收书上架工作
劳动精神	继承中华民族勤俭节约、敬业奉献的优良传统 感知爱岗敬业、甘于奉献的劳模精神

后 记

2007年起，我在北京市第八十中学承担高中通用技术课程的教学工作。2012年，随着我校望京校区开始招收初中学生，我与同事们也担负起初中劳动技术课的教学任务。一晃已经十年了。起初，我的主要精力在高中通用技术的教学研究上。2018年9月，习近平总书记在全国教育大会上强调要在学生中弘扬劳动精神，教育引导学生崇尚劳动、尊重劳动，长大后能够辛勤劳动、诚实劳动、创造性劳动。我逐渐认识到在中学进行劳动教育的重要性。

2019年底，我申请了中国教育学会规划课题《立德树人背景下北京城市中学劳动教育体系的实践研究》并被成功立项。三年来，共有来自朝阳等三个区的11所学校的老师参与联合研究。尽管疫情的起伏在一定程度上影响了我们的研究，但课题组老师们热情高涨，出乎我的预料。2022年4月22日，教育部首次颁布了义务教育阶段《劳动课程标准》，首次提出了劳动课程核心素养。老师们积极行动起来，开展各类劳动教育课程和活动。但我发现，一些老师仍然更加关注劳动实践项目本身，教学中片面关注学生技术技能（劳动能力中的一部分）的发展，只要学生能把这个实践项目做出来似乎就完成了教学任务，忽视了劳动课程核心素养中劳动观念、劳动习惯和品质、劳动精神的培养，不利于学生劳动核心素养的发展，不利于实现新时代劳动教育的根本目标。于是，我萌生了写一本书的想法，希望把我对劳动新课标和劳动课程核心素养的认识，把我对实现从劳动技术课到劳动课华丽转型的思考，把如何让学生通过劳动为更加精彩的人生奠定坚实基础的实践，奉献给大家。

2022年底，这本书稿非常荣幸地经朝阳区教委、朝阳区教科院、中国文联出版社多轮评审被纳入《朝阳教育名师》丛书出版，这既是对我的鼓励也是对我的鞭策。在历经个人八个月撰写、专家指导改进、编辑三审三校之后，这本书将在2023年秋天出版。这既是对前面十几年研究实践的梳理，也是对我主持中国教育学会劳动教育课题研究工作的总结。希望能抛砖引玉，与同行分享研究心得。在本书撰写过程中，我得到了许多专家的指导和帮助，包括教育部义务教育劳动课标组组长顾建军教授、教育部基础教育教学指导委员会劳动教育专委会刘坚秘书长、北京市第八十中学任炜东校长、朝阳区教科院曾庆玉副院长。正是他们鼎力支持，拙作才得以面世。由于我的水平有限，难免会有一些疏漏甚至错误，还请大家批评指正。

2023年1月，经过区教委推荐、市级面试评审，我荣幸地入选"北京市新时代中小学名师工程"，即将进入北京教育学院进行系统研修，我感到肩上的责任更重了，我将不忘初心、砥砺前行。

何　斌

2023 年 1 月 29 日于北京